Wunder Natur

Jean-Thierry Winstel

Wunder Natur
1000 Quizfragen

KOSMOS

Umschlaggestaltung von eStudio Calamar, Spanien, unter Verwendung von
Fotos von Uwe Walz, Naturfoto (oben) und G. Brad Lewis/Getty Images
(unten)

Zum Autor
Die Fragen dieses Buchs wurden dem Spiel „Planet der Wunder" entnommen
(nähere Informationen siehe S. 384). Der Autor Jean-Thierry Winstel wurde
für das in Frankreich unter dem Namen „Bioviva" erschienene Spiel mit
zahlreichen Preisen ausgezeichnet.

Bibliografische Information der Deutschen Bibliothek
Die Deutsche Bibliothek verzeichnet diese Publikation in der
Deutschen Nationalbibliografie; detaillierte bibliografische Daten
sind im Internet über http://dnb.ddb.de abrufbar.

Dieses Buch folgt den Regeln der neuen deutschen Rechtschreibung

Informationen senden wir Ihnen gerne zu

Bücher · Videos · Kalender · Experimentierkästen · Spiele
Natur · Angeln & Jagd · Astronomie · Eisenbahn/Nutzfahrzeuge · Garten und Zimmerpflanzen ·
Heimtiere · Kinder & Jugend · Natur · Pferde & Reiten

KOSMOS Postfach 10 60 11
D-70049 Stuttgart
TELEFON +49 (0)711-2191-0
FAX +49 (0)711-2191-422
WEB www.kosmos.de
E-MAIL info@kosmos.de

Gedruckt auf chlorfrei gebleichtem Papier

1. Auflage
© 2003 Franckh-Kosmos Verlags-GmbH & Co., Stuttgart
Alle Rechte vorbehalten
ISBN 3-440-09513-4
Redaktion: Ina Pfitzer, Ann-Katrin Heger
Layout: Ralf Paucke
Produktion: Ralf Paucke
Satz und Herstellung: TypoDesign, Radebeul
Druck und Bindung: Finidr s.r.o., Český Těšín
Printed in Czech Republic / Imprimé en République tchèque

Inhalt

Grüne Wunder entdecken
Faszinierende Pflanzenwelt ——— 5

Magische Kräfte
Wundermittel oder Giftstoff? ——— 48

Tierische Geschichten
Einfach zum Staunen ——— 76

Kämpfen mit Köpfchen
Sieger und Verlierer ——— 190

Liebe im Tierreich
Verführerische Geschichten ——— 216

Tier und Pflanze
Geheimnisvolle Verbindungen ——— 250

Reise in die Vergangenheit
Wie alles begann ——— 270

Höher, schneller, weiter
Unglaubliche Rekorde ——— 302

Feurig und funkelnd
Vulkane, Stürme, Galaxien ——— 326

Mensch und Natur
Das Wunder bewahren! ——— 354

Grüne Wunder

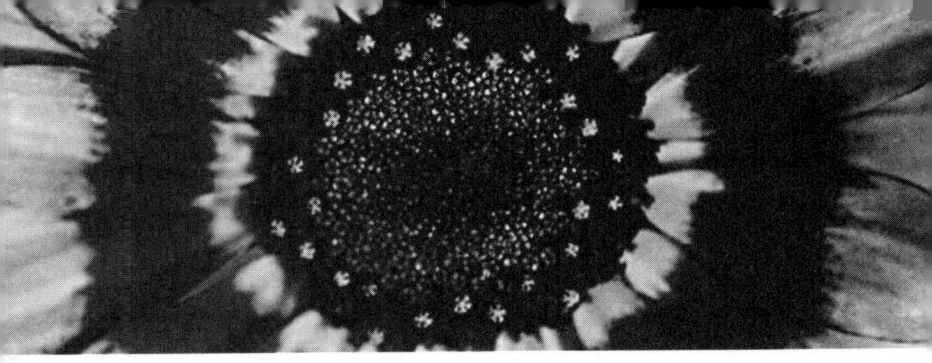

entdecken

Faszinierende Pflanzenwelt

Was kennzeichnet die Eselsgurke, eine Pflanze aus den Mittelmeerregionen?

a) Ihre Blüten riechen nach Pilzen.

b) Sie wirft ihre Kerne bis zu 10 m weit.

c) Nur Esel können davon essen.

Antwort b) ist richtig. Der geringste Kontakt oder nur ein leichtes Schütteln genügt der Eselsgurke, auch Spritzgurke genannt, um ihre Kerne mit einer Geschwindigkeit von über 50 km/Std. wegzuschleudern!

Welche Eigenschaft haben die Früchte des tropischen Hura crepitans, auch Sandbüchsenbaum genannt?

a) Sie schleudern ihre Kerne über 20 m weit.

b) Es sind die größten Früchte der Welt.

c) Sie heilen die Leprakrankheit.

Antwort a) ist richtig. Die Früchte dieses Baums müssen sehr vorsichtig behandelt werden, denn sie stoßen ihre Kerne so stark ab, dass sie eine Glasscheibe zerbrechen können.

Welcher Blume wird der Safran entnommen?

a) Der Iris.
b) Der Kamelie.
c) Dem Krokus.

Antwort c) ist richtig. Das teuerste Gewürz der Welt wird dem oberen Teil des Stempels, auch Stigma oder Fruchtknoten genannt, einer Krokusart entnommen.

Welche Blüte besteht selbst aus tausend kleinen Blüten?

a) Die Rose.
b) Die Sonnenblume.
c) Die Nelke.

Antwort b) ist richtig. Die Sonnenblume ordnet, wie alle zusammengesetzten Blumen, ihre Blüten in einer oder mehreren Einheiten an. Nur die Blüten in der Mitte sind fruchtbar, die anderen dienen dazu, Insekten anzulocken.

Woraus wurde früher der Farbstoff Indigoblau hergestellt?

a) Aus den Blättern eines Strauches.
b) Aus einem preußischen Schmetterling.
c) Aus Felsgestein.

Antwort a) ist richtig. Dieser blaue Farbstoff wird aus den Blättern des Indigobaumes, einem Strauch, der in tropischen Regionen wächst, gewonnen.

Warum findet man heute auf der Insel Mauritius keinen Eisenbaum, der jünger als 300 Jahre ist?

a) Weil es nur noch männliche Bäume gibt.
b) Weil der Dodo, ein Vogel der Insel, ausgestorben ist.
c) Weil es auf der Insel keine Metallindustrie mehr gibt.

Antwort b) ist richtig. Merkwürdigerweise müssen die Samen des Eisenbaums durch den Verdauungsapparat des Dodos wandern, um keimen zu können. Da dieser Vogel seit 1681 vom Menschen ausgerottet wurde, hat seitdem kein Eisenbaumkorn mehr gekeimt!

Grüne Wunder entdecken

Wo wurde der Gilbweiderich aus Menorca, eine ursprünglich von den Balearen stammende Pflanze, wiedergefunden?

a) Bei einem Sammler.

b) Im botanischen Garten von Berlin.

c) Auf einer italienischen Mülldeponie.

Antwort b) ist richtig. Der Gilbweiderich wurde erstmals im Kustos von Brest in Frankreich vervielfacht und dann 1989 an seinem Stammort wieder angepflanzt.

Welche Alge benutzt die Nahrungsmittelindustrie für die Eiscremeherstellung?

a) Das Posthörnchen.

b) Das Spirogyr.

c) Das Seegras.

Antwort c) ist richtig. Wie viele Algenarten enthält das Seegras eine gallertartige Substanz, die vielen Eiscremesorten oder Schokoladen beigemischt wird.

Grüne Wunder entdecken

Welche Eigenschaft besitzen die Kapseln des afrikanischen Benn-Nussbaums?

a) Sie tragen zur Reinigung des Wassers bei.
b) Sie keimen nie.
c) Ihr Geruch verjagt Insekten.

Antwort a) ist richtig. Diese Kapseln haben die Eigenschaft, die im Wasser schwimmenden Partikel zu verbinden und ansteckende Keime beim Absinken mit sich zu ziehen. Wasser, das mit diesen Kapseln gereinigt wurde, kann sorglos getrunken werden.

Welche Pflanzenart benutzten früher Feuerwerkshersteller für die bengalischen Feuer?

a) Ein Moos.
b) Ein Farnkraut.
c) Einen Strauch.

Antwort a) ist richtig. Die Sporen des Bärlapps enthalten ein ätherisches Öl. Wenn diese Sporen in ein Feuer geworfen werden, explodieren sie und werfen funkelnde Flammen.

Grüne Wunder entdecken

Wo wachsen in der Regel fleischfressende Pflanzen?

a) Im Moor.
b) In Lagunen.
c) In gemäßigten Waldzonen.

Antwort a) ist richtig. Um auf nährstoffarmem und saurem Boden überleben zu können, haben manche Pflanzen die Fähigkeit entwickelt, Insekten zu fressen. Diese bedeuten für ihre Entwicklung eine unentbehrliche Nahrungsergänzung.

Was ist eine Drosera?

a) Ein afrikanisches Insekt.
b) Eine Riesenbakterie.
c) Eine fleischfressende Pflanze.

Antwort c) ist richtig. Die Drosera, auch Sonnentau genannt, verfügt über klebrige Tentakel auf ihren Blättern. Damit kann sie viele Insekten fangen, die sie dann ein paar Tage lang verdaut.

Was ist an den am Rand der Sonnenblume befindlichen Blüten besonders?

a) Sie sind unfruchtbar.

b) Sie sind giftig.

c) Nur sie produzieren Öl.

Antwort a) ist richtig. Nur die zentralen Blüten können befruchtet werden. Die anderen dienen dazu, Insekten anzuziehen.

Was macht die Venusfliegenfalle, eine fleischfressende Pflanze, um ihre Beute zu fangen?

a) Sie schließt blitzschnell ihre mit Kiefern ausgestattete Falle.

b) Sie nimmt das Aussehen eines weiblichen Insekts an.

c) Sie ertränkt ihre Beute.

Antwort a) ist richtig. Die Venusfliegenfalle verfügt am Rand ihrer Blätter über zwei zackige, mit empfindlichen Haaren ausgerüstete Kiefer. Wenn ein Insekt zweimal eines dieser Haare berührt, schließt sich die Falle innerhalb einer dreißigstel Sekunde: Die großen Insekten können nicht entkommen und werden innerhalb von zwei Wochen verdaut.

Grüne Wunder entdecken

Welches Öl wird für das Schmieren von Motoren, die mit hoher Tourenzahl laufen, benutzt?

a) Schmalz.
b) Traubenkernöl.
c) Pottwalöl.

Antwort c) ist richtig. Das Pottwalöl wird sogar in der Weltraumforschung eingesetzt. Es soll jedoch bald durch das pflanzliche Jojobaöl ersetzt werden, eines der feinsten Öle der Welt. Das würde diesen Tieren das Leben retten.

Welche Pflanze schleudert ihre Kerne über 3 m weit?

a) Die Robin.
b) Die Hood.
c) Die Impatiens.

Antwort c) ist richtig. Wenn sie reif sind, genügt den Samen der Impatiens, auch Springkraut genannt, der geringste Kontakt ihrer Kapseln mit einem Fremdkörper, um in die Luft zu springen!

Grüne Wunder entdecken

Welcher Technik bedient sich der Wasserschlauch, eine fleischfressende Pflanze, um seine Beute zu fangen?

a) Er schläfert sie ein.

b) Er saugt sie ein.

c) Er macht sie blind.

Antwort b) ist richtig. Der Wasserschlauch verfügt über kleine Schläuche auf der Außenkante mehrerer Blätter. Diese Schläuche sind im Ruhezustand leer und flach. Wenn ein kleines Krebstier aber die am Rande des Schlauchs stehenden empfindlichen Haare berührt, öffnet sich dieser in einer 500stel Sekunde und saugt die Beute ein.

Welche Frucht bildet die Basis für Kölnisch Wasser?

a) Die grüne Zitrone.

b) Die Heidelbeere.

c) Die Bergamottebirne.

Antwort c) ist richtig. Die der Zusammensetzung des Kölnisch Wassers beigemischte Essenz wird der Schale dieser gelben, glatthäutigen Frucht entzogen.

Grüne Wunder entdecken

Was ist am wilden oder „tauben" Hafer besonders?

a) Davon zu essen macht taub.

b) Sein Korn bewegt sich selbständig am Boden.

c) Mit seinem Mehl poliert man Glas.

Antwort b) ist richtig. Mit Hilfe von zwei langen Fäden, die sich je nach Feuchtigkeit winden und wieder aufrichten, kann das Haferkorn sich mehrere Zentimeter auf der Suche nach einem für seine Keimung günstigen Ort fortbewegen.

Warum sind Gewächshäuser, in denen Orchideen gezüchtet werden, mit Ventilatoren ausgestattet?

a) Um Insekten fernzuhalten.

b) Um die Pflanzen zu belüften.

c) Um Bakterien abzutöten.

Antwort a) ist richtig. Die Orchideenblüte verliert ihre Schönheit, sobald sie befruchtet wird. Das heißt, wenn ein Insekt in das Gewächshaus fliegt, Honig aus den Blüten sammelt und so deren Befruchtung bewirkt, verwelken die Orchideen und können nicht verkauft werden.

Woraus wurde ursprünglich das Karminrot, ein leuchtend roter Farbstoff, hergestellt?

a) Aus Blattläusen.
b) Aus Klatschmohn.
c) Aus Fischkiemen.

Antwort a) ist richtig. Die Indianer in Mexiko sammelten früher große, auf Kakteen lebende Blattläuse, kochten sie und gewannen auf diese Weise einen leuchtend roten Farbstoff, das Karminrot.

Was ist ein Fettkraut?

a) Eine fleischfressende Pflanze.
b) Eine grasfressende Pflanze.
c) Eine sehr fetthaltige Farnart.

Antwort a) ist richtig. Das Fettkraut produziert eine klebrige Flüssigkeit auf seinen Blättern, mit Hilfe derer es kleine Fliegen fängt. Die gleichen Blätter scheiden eine zur Verdauung der Insekten erforderliche Säure aus.

Was kennzeichnet den indischen Flieder?

a) Seine Wurzeln sind 500 m lang.
b) Er wird von keinem Insektenparasit angegriffen.
c) Er hilft bei der Behandlung von Taubheit.

Antwort b) ist richtig. Die Samen des indischen Flieders scheiden eine Substanz aus, die die meisten Insektenarten fernhält.

Wie schaffen es bestimmte Maissetzlinge, sich gegen Raupen zu verteidigen?

a) Sie locken Wespen an, die die Raupen fressen.
b) Sie entwickeln vogelförmige Blätter.
c) Sie scheiden einen Klebstoff aus.

Antwort a) ist richtig. Wenn die Maispflanzen von Raupen überfallen werden, scheiden sie Gasmoleküle aus, die Wespen anlocken. Diese stürzen sich auf den Mais und fressen die Raupen.

Grüne Wunder entdecken

Was haben die Moleküle von Hämoglobin (Blutfarbstoff) und Chlorophyll (Blattgrün) gemeinsam?

a) Sie enthalten Kupfer.
b) Sie enthalten Gold.
c) Sie sind fast identisch.

Antwort c) ist richtig. Das Chlorophyll, charakteristisch für die Pflanzenwelt, und das Hämoglobin des Tierreiches haben eine sehr ähnliche chemische Struktur. Man nimmt an, dass sie auf dem gleichen Molekül aufbauen.

Welches dieser Nahrungsmittel ist reicher an Eisen?

a) Der Spinat.
b) Die Erbse.
c) Die Petersilie.

Antwort c) ist richtig. Wenn Popeye gewusst hätte, dass die Petersilie zehnmal mehr Eisen enthält, hätte er bestimmt seine Diät geändert ...

Grüne Wunder entdecken

Welche Insel hält bei der Lieferung von Muskatnüssen einen Weltmarktanteil von 40 %?

a) Java.
b) Grenada.
c) Mauritius.

Antwort b) ist richtig. Die geriebene Muskatnuss gibt Gerichten einen pikanten Geschmack. In höherer Dosis kann sie wie Rauschgift wirken.

Was ist die Besonderheit des Haworthia-Kaktus, der in Südafrika wächst?

a) Er besitzt 60 cm lange Stacheln.
b) Er ernährt sich von Ameisen.
c) Er lebt im Sand begraben.

Antwort c) ist richtig. Um sich vor der Sonne zu schützen, lebt dieser Kaktus im Sand begraben. Er bringt nur einen kleinen, verglasten Teil seines Körpers zum Vorschein, um die Sonnenstrahlen einzufangen.

Was bewirkt die Lagerung von Äpfeln neben Bananen?

a) Sie beschleunigt den Reifeprozess.

b) Sie hält Ameisen fern.

c) Sie vermeidet die Bildung von Parasitenpilzen.

Antwort a) ist richtig. Wenn Äpfel reif werden, produzieren sie eine große Menge an Ethylen. Dieses Gas hat die Eigenschaft, die Reifung anderer Früchte wie z.B. Bananen zu beschleunigen.

Warum werden Lavendelsträuße in den Häusern des Mittelmeerraums an die Zimmerdecken gehängt?

a) Um die Luft zu befeuchten.

b) Um Vögel anzulocken.

c) Um Insekten fernzuhalten.

Antwort c) ist richtig. Der Lavendelgeruch wird von den meisten Insekten nicht geschätzt, im Gegensatz zum Menschen, der die Blüten häufig für die Herstellung von Parfum benutzt.

Grüne Wunder entdecken

Was lässt die springende Erbse springen?

a) Wärme.

b) Feuchtigkeit.

c) Ein in der Erbse eingesperrtes Insekt.

Antwort c) ist richtig. In der Erbse eingesperrt, versucht das Insekt durch Sprünge zu entkommen, was ganz überraschende Bewegungen der Erbse zur Folge hat.

Welcher Baum befruchtet sich selbst?

a) Die Tanne.

b) Der Haselnussbaum.

c) Der Ahorn.

Antwort a) ist richtig. Die Tanne lässt, wie alle anderen Fichtennadelbäume, ihre Pollen von den oberen Ästen auf die Blüten der unteren Äste fallen, um sie zu befruchten.

Welcher Umstand zwingt fleischfressende Pflanzen zu ihrer speziellen Ernährungsweise?

a) Ein Übermaß an feindlichen Insekten.
b) Ein tierähnlicher Stoffwechsel.
c) Nährstoffmangel.

Antwort c) ist richtig. Fleischfressende Pflanzen zersetzen Insekten, um sich von den Nährstoffen zu erhalten, die sie in den armen Böden, wo sie wachsen, nicht finden.

Welche Art des Pollentransports ist in der europäischen Flora am verbreitetsten?

a) Transport durch Wind.
b) Transport durch Insekten.
c) Transport durch Wasser.

Antwort b) ist richtig. 80 % der europäischen Flora greift für ihre Befruchtung auf Insekten zurück.

Woran mangelt es den Böden der tropischen Wälder?

a) An Wasser.

b) An Nährstoffen.

c) An Bakterien.

Antwort c) ist richtig. Die Böden der tropischen Wälder sind im Grunde sehr arm, weil die Nährstoffe schnell von der Vegetation aufgenommen werden und deswegen nicht in der Erde erhalten bleiben.

Wie heißt das männliche Geschlechtsorgan bei den Blumen?

a) Der Staubbeutel.

b) Die Narbe des Fruchtknotens.

c) Der Stempel.

Antwort a) ist richtig. Der Staubbeutel enthält Pollenkörner. Diese befruchten die Eizellen anderer Blumen der gleichen Art.

Warum sind Pflanzen von manchen Musikstücken mehr angetan, als von anderen?

    a) Weil diese Musik ihr Wachstum fördert.

    b) Weil sie sich an diese Musikstücke erinnern können.

    c) Weil die Stücke auf ihrer Wellenlänge liegen.

    Antwort c) ist richtig. Es wurde entdeckt, dass Pflanzen für bestimmte Musikstücke empfänglich sind, deren Schwingungen denen entsprechen, die die Pflanze ausstrahlt, wenn sie Eiweißstoffe synthetisiert.

Wie heißt das weibliche Geschlechtsteil der Blumen?

    a) Der Stempel.

    b) Der Staubbeutel.

    c) Das Kelchblatt.

    Antwort a) ist richtig. Der Stempel enthält sämtliche weibliche Elemente der Blume: Den Fruchtknoten, den Griffel und das Stigma (auch als Narbe des Fruchtknotens bekannt).

Was ist an der Eiche von Allouville-Bellefosse in Frankreich besonders?

a) Der Blitz hat sie schon über 50 mal getroffen, und sie lebt immer noch.

b) Sie „beherbergt" eine Kapelle in ihrem Stamm.

c) Sie ist über 5.000 Jahre alt.

Antwort b) ist richtig. Dieser auf ein Alter von ca. 1.000 Jahren geschätzte Baum hat einen Stamm mit einem Umfang von über 15 m, in dem sich seit 1696 eine Kapelle befindet!

Welche Eigenschaft besitzt die Juglone, eine von Bäumen abgesonderte, chemische Substanz?

a) Sie macht Insekten blind.

b) Sie hemmt das Wachstum anderer Pflanzen.

c) Sie lockt Bienen an.

Antwort b) ist richtig. Die Juglone wird von den Bäumen der Walnussgewächsfamilie ausgeschieden und verhindert das Wachstum anderer Pflanzen. Deswegen wächst fast nichts unter einem Walnussbaum.

 *Grüne Wunder entdecken*

Was ist die „Backenkokosnuss"?

a) Ein sehr giftiger, schwarzer Pilz.

b) Eine Kokosnuss.

c) Eine leuchtende Blume.

Antwort b) ist richtig. Diese von den Seychellen stammende Kokosnuss verdankt ihren Namen der Gestalt ihrer zwei Schalen, die komischerweise an ein menschliches Hinterteil erinnern.

Warum ist Teakholz für die Herstellung von Schiffen aus Holz sehr gesucht?

a) Weil es sehr leicht ist.

b) Weil es nicht fault.

c) Weil es Ratten verjagt.

Antwort b) ist richtig. Teak kommt aus den Tropen Asiens und ist dafür bekannt, dass es nicht fault. Die Marine verwendete es häufig im 19. Jahrhundert, bevor Schiffe aus Metall gebaut wurden.

Grüne Wunder entdecken

Auf welcher Pflanze basiert der amerikanische Whiskey Bourbon?

    a) Mais.
    b) Hafer.
    c) Kartoffel.

Antwort a) ist richtig. Ob Öl, Popcorn, Whiskey, Mehl oder Kosmetik: Aus Mais kann man wirklich alles machen.

Aus welcher Kreuzung stammt die Klementine?

    a) Aus einer Orange und einer Mandarine.
    b) Aus einer Zitrone und einer Apfelsine.
    c) Aus einer Mandarine und einer Zitrone.

Antwort a) ist richtig. Die Klementine wurde durch die Kreuzung von einer bitteren Pomeranze, auch Bitterorange genannt, und einer Mandarine gewonnen.

Grüne Wunder entdecken

Wie pflanzt sich das Bingelkraut, ein Gras, fort?

a) Es lockt Wanzen an.

b) Es wirft seine männlichen Blüten in die Luft.

c) Es wächst in die Richtung von Nagetierstollen.

Antwort b) ist richtig. Sobald die männlichen Blüten in der Luft sind, werfen sie ihren Pollen ab, der dann die weiblichen Blüten befruchtet!

Was ist an den Samen der arktischen Lupine besonders?

a) Sie überleben bei Temperaturen von minus 150° Celsius.

b) Nach 10.000 Jahren können sie noch keimen.

c) Sie sind durchsichtig.

Antwort b) ist richtig. Die Lupinenkerne gedulden sich in der Erwartung, dass die Gletscher sich aus den Tälern, die sie gegraben haben, zurückziehen. Sie können mehrere tausend Jahre warten, bis sie keimen und zu einer neuen Blume werden.

Grüne Wunder entdecken

Was ist an den Früchten der Zwergluzerne eigenartig?

  c) Sie werden fluoreszierend, wenn sie reif sind.
  b) Sie verfügen über zwei Kernarten.
  c) Sie heilen Warzen.

Antwort b) ist richtig. Die feinen Kerne keimen beim geringsten Regenfall, während sich die dickeren und häutigeren langsamer entwickeln. Die Zwergluzerne verfügt somit über ein wirksames Mittel, um die Keimung ihrer Kerne je nach Klima sicherzustellen.

Welche Pflanze liefert mehr Eiweißstoffe pro Hektar als der Mais?

  a) Die Pfirsichpalme.
  b) Der Wollbaum.
  c) Die Bananenstaude.

Antwort a) ist richtig. Diese südamerikanische Pflanze, bei den Indianern seit langem für ihre Ernährungsqualitäten bekannt, gehört zu den Pflanzen, die für die Menschheit sehr nützlich sein könnten. Vorausgesetzt natürlich, sie wird inzwischen nicht ausgerottet ...

Welche dieser Pflanzen ist eine Orchidee?

a) Der Kakaobaum.
b) Der Kaffeebaum.
c) Die Vanillestaude.

Antwort c) ist richtig. Die Vanillestaude, die Vanilleschoten hervorbringt, ist eine amerikanische Liane. Die größte Vanilleproduktion befindet sich heute auf Madagaskar.

Welche Besonderheit besitzt die Blüte des Baobabs?

a) Sie blüht 3 Minuten lang.
b) Sie ist die größte Blume der Welt.
c) Sie wächst innerhalb des Stamms.

Antwort a) ist richtig. Die Baobabblüte blüht nachts innerhalb von 3 Minuten und ist am nächsten Tag verblüht. Fledermäuse gewährleisten ihre Befruchtung.

Grüne Wunder entdecken

Was ist Honig?

a) Ein Blütenblattauszug.
b) Eingelegte Pollen.
c) Von Bienen vorverdauter Nektar.

Antwort c) ist richtig. Honig wird im Bienenkropf aus Blumennektar erzeugt. Dann wird er in den Waben wiedergekäut, um vor allem im Winter die Gemeinschaft zu ernähren.

In welcher Region der Welt findet man im natürlichen Zustand erwachsene Bäume, die nicht höher werden als 10 cm?

a) In der Tundra.
b) In der australischen Wüste.
c) Auf den peruanischen Hochebenen.

Antwort a) ist richtig. Die in diesen Breitengraden herrschenden extremen klimatischen Verhältnisse erlauben es den Bäumen nicht, in die Höhe zu wachsen. Die Zwergweide z. B. kann nicht höher als 10 cm werden, dafür erreichen ihre Äste eine Länge von bis zu 5 m!

Was ist zur Keimung der wilden Orchidee unentbehrlich?

a) Ein Pilz.

b) Eine Spitzmaus.

c) Eine Ameise.

Antwort a) ist richtig. Die Orchideensamen verfügen über sehr schwache Reserven. Deswegen nutzen sie die Hilfe eines Pilzes, der ihnen Wasser und Mineralien zuführt. Als Gegenleistung ernährt sich der Pilz von den Photosyntheseprodukten der Orchidee.

Welcher Baum sollte früher angeblich die Stelle von vergrabenen Schätzen anzeigen?

a) Der Haselnussstrauch.

b) Die Eiche.

c) Der Kastanienbaum.

Antwort a) ist richtig. Auch wenn diese Eigenschaft eher in den Bereich des Aberglaubens gehört, werden heute noch die Äste dieses aus Kleinasien stammenden Baumes benutzt, um Wasserquellen ausfindig zu machen.

Grüne Wunder entdecken

Welche dieser Früchte wächst nicht auf einem Baum?

a) Die Kokosnuss.

b) Die Banane.

c) Die Dattel.

Antwort b) ist richtig. Die Bananenstaude ist ein sehr hohes Gras, das innerhalb eines Jahres 9 m hoch werden kann. Die ersten wilden, im Fernen Osten entdeckten Bananenstauden trugen keine Früchte. Später wurden zwei sich ergänzende Arten gekreuzt und es entstanden Bananen.

Welcher Baum bringt nur alle zwei Jahre Früchte hervor?

a) Der Olivenbaum.

b) Der Mangobaum.

c) Der Granatapfelbaum.

Antwort a) ist richtig. Der Olivenbaum braucht nahezu 20 Jahre, bevor er die ersten Früchte gibt. Wenn die Olive direkt vom Baum geerntet wird, ist sie bei vielen Arten ungenießbar. Sie muss noch in eine Salzlauge eingelegt werden.

Warum muss die Vanillestaude in manchen Ländern künstlich befruchtet werden?

a) Weil sie erst ab 30° Celsius blüht.

b) Weil das Insekt, das für ihre Befruchtung nötig ist, dort nicht existiert.

c) Weil sie nur bei Vollmond blüht.

Antwort b) ist richtig. Die Vanillestaude stammt aus Mexiko und kann nur durch eine ganz spezifische Biene befruchtet werden. Da diese Biene sich nicht an jedes Klima anpasst, muss der Mensch je nach Land die Blütenbefruchtung ausführen, um dann die Vanilleschoten ernten zu können.

Was ist das Besondere am „Laufenden Farn"?

a) Er kann nachts regelrechte Standortwechsel vornehmen.

b) Seine Blätter erzeugen ein rhythmisches, schrittähnliches Geräusch.

c) Seine „Fort-Pflanzung" ist sehr ungewöhnlich.

Antwort c) ist richtig. Der „Laufende Farn" verfügt über einen ganz eigenartigen Mechanismus, um sich zu entwickeln: Es sind seine Blätter, die sich verwurzeln und neue Auswüchse bilden.

Grüne Wunder entdecken

Wozu dienen die Saugrüssel der Flachsseide, einer Pflanze in den gemäßigten Klimazonen?

a) Um den Saft anderer Pflanzen auszusaugen.
b) Um das Blut der Bienen auszusaugen.
c) Um Pollen zu sammeln.

Antwort a) ist richtig. Die Stiele der Flachsseide rollen sich spiralartig um eine Nachbarpflanze herum. Dann bohren sie ihre Saugrüssel in ihr Opfer, um ihm den Saft zu entnehmen.

Was ist der „Spanische Bart"?

a) Eine sehr ansteckende Krankheit.
b) Eine faserige Pflanze.
c) Ein fleischfressender Pilz.

Antwort b) ist richtig. Diese Pflanze wächst in Wäldern entlang des Mississippi. Sie zeichnet sich dadurch aus, dass sie auf Bäumen wächst, denn dort profitiert sie von der sehr feuchten Luft.

Grüne Wunder entdecken

Welches Obst wird auf der Welt am meisten konsumiert?

a) Die Banane.
b) Der Apfel.
c) Die Apfelsine.

Antwort a) ist richtig. Über 40 Millionen Tonnen Bananen werden jährlich weltweit verbraucht. Eine einzige Bananenstaude bringt bis über 250 Bananen pro Büschel hervor.

Was kann der Milch beigefügt werden, damit sie nicht gerinnt?

a) Ein Pfefferminzblatt.
b) Ein Lorbeerzweig.
c) Eine Haselnuss.

Antwort a) ist richtig. Glaubt man einigen Bauern, könnte nicht einmal Käse hergestellt werden, wenn die Kuh vorher Pfefferminze gefressen hat. Früher kam es vor, dass Pfefferminztee den Ammen verboten wurde.

Grüne Wunder entdecken

Welche Eigenschaft besitzen Pflanzen wie der Weizen, der Reis und die Gerste?

a) Sie enthalten viel Kupfer.
b) Sie befruchten sich selbst.
c) Sie haben kein Chlorophyll.

Antwort b) ist richtig. Diese Eigenschaft spielte vermutlich eine wichtige Rolle bei der Kultivierung dieser Pflanzen durch den Menschen vor mehreren tausend Jahren, weil so ihre Reproduktion damals schon einfach war.

Was kennzeichnet die Flechten?

a) Sie wachsen nur auf eisenhaltigem Gestein.
b) Sie können ohne Licht leben.
c) Sie bestehen aus einer Alge und einem Pilz.

Antwort c) ist richtig. Flechten gehen aus einer sehr alten Symbiose zwischen diesen zwei Lebewesen hervor. Die Alge produziert durch Photosynthese organische Grundstoffe, während der Pilz die Alge am Austrocknen hindert.

Grüne Wunder entdecken

Wie reagieren Akazien auf Stresssituationen?

a) Ihre Stacheln werden länger.
b) Sie wechseln die Farbe ihrer Blätter.
c) Sie scheiden chemische Substanzen aus.

Antwort c) ist richtig. Akazien wechseln untereinander chemische Signale aus und produzieren abstoßende Stoffe gegen ihre Angreifer.

Welche Substanz ist dafür verantwortlich, dass wir beim Zwiebelschneiden weinen müssen?

a) Stickstoff.
b) Helium.
c) Schwefel.

Antwort c) ist richtig. Die Schwefelverbindungen sind es, die uns zum Weinen bringen: sie reizen die Augen, die Nase und den Rachen. Diese chemischen Verbindungen dienen dem Schutz der Zwiebel, da ihr Geruch die allermeisten Pflanzenfresser zurückschrecken lässt.

Grüne Wunder entdecken

Welche Pflanze benutzte man im Altertum, um daraus Stoffe anzufertigen?

a) Die Brennnessel.
b) Den Efeu.
c) Das Gänseblümchen.

Antwort a) ist richtig. Die alten Ägypter wickelten ihre Mumien mit Bandagen ein, die aus den Fasern der Brennnessel gefertigt waren.

Welche Eigenschaft des Honigs geht verloren, wenn man ihn erhitzt?

a) Seine Süße.
b) Seine antibakterielle Wirkung.
c) Seine Streichfähigkeit.

Antwort b) ist richtig. Der natürliche Honig ist ein Lebensmittel, das fast überhaupt keine für den Menschen gefährlichen Keime enthält. Wenn er nicht erhitzt wird, wirkt er im Gegenteil der Entwicklung von bestimmten Bakterien entgegen.

Welches Alter können bestimmte Eichen erreichen?

a) Bis zu 500 Jahre.
b) Bis zu 1.500 Jahre.
c) Bis zu 2.000 Jahre.

Antwort b) ist richtig. Die Fermeeiche im Naturpark Hohemark ist 1.500 Jahre alt und damit die älteste Eiche Deutschlands. Den Germanen und Kelten galt die Eiche als heiliger Baum, daher führten sie ihre kultischen Handlungen oft im Umkreis dieser Bäume aus.

Welche Farbe haben die Früchte des Olivenbaums bevor sie gepflückt werden?

a) Farblos.
b) Grün.
c) Grün und Schwarz.

Antwort c) ist richtig. Ob grün oder schwarz, die Oliven wachsen auf den gleichen Bäumen. Nur werden die grünen Oliven vor ihrer Vollreifung gepflückt.

Grüne Wunder entdecken

Wie kommt die Williams-Christ-Birne in die Schnapsflasche?

a) Die Obstlerflasche wird um die reife Frucht herum geblasen.

b) Eine zweiteilige Flasche wird nach Einlegen der Frucht durch Erhitzen verschweißt.

c) Die Frucht wächst in die fertige Flasche hinein.

Antwort c) ist richtig. Auf Obstplantagen kann man beobachten, wie Glasflaschen über Äste gestülpt am Baum hängen, damit der Kunde später im Rausch über das Problem „Birne und Flasche" nachsinnen kann.

Wie findet die Befruchtung von Blumen statt?

a) Durch die Berührung der Blumenstiele.

b) Durch das Zusammenwachsen der Wurzeln unter der Erde.

c) Durch Pollen anderer Blumen.

Antwort c) ist richtig. Die Befruchtung von Blumen wird oft von Insekten ausgeführt, indem sie den Pollen anderer Blumen transportieren.

Aus welchem Grund kann eine Pflanzenart aussterben?

a) Aufgrund von Trägheit bei der Fortpflanzung.

b) Aufgrund des Aussterbens einer bestimmten Insektenart, die als einzige die Befruchtung der Pflanze durchführen kann.

c) Aufgrund einer lange anhaltenden Windstille.

Antwort b) ist richtig. Es besteht eine zum Teil überraschende Abhängigkeit zwischen Pflanzen und Insekten. Wenn eine Art ausstirbt, überlebt die andere oft nicht lange.

Worüber „unterhalten" sich Akazien in Form von chemischen Botschaften?

a) Über sich nähernde Angreifer.

b) Über den Mineralgehalt des Bodens.

c) Über den Einfallwinkel der Sonnenstrahlung.

Antwort a) ist richtig. Eine angegriffene Akazie scheidet chemische Stoffe aus, die von anderen Akazien empfangen werden. Die letzteren produzieren dann für den Angreifer abstoßende Substanzen.

Was unterscheidet grünen von schwarzem Tee?

a) Grüner Tee stammt von speziellen Teepflanzen.
b) Grüner Tee wird früher geerntet.
c) Grüner Tee wird nur getrocknet.

Antwort c) ist richtig. Sowohl der grüne als auch der schwarze Tee kommen von der gleichen Strauchart. Für den grünen Tee werden die Teebaumblätter nur getrocknet, während vor der Zubereitung des schwarzen Tees die Blätter leicht gegärt werden.

Nachgefragt

- ### *Wodurch wird die Eselsgurke animiert, ihre Kerne mit 50 km/Std. von sich zu schleudern?*

  (Wer die Antwort nicht mehr weiß, kann auf
  S. 8 nachlesen.)

- ### *Wieso konnte seit dem Aussterben des Dodos auf Mauritius kein Eisenbaum mehr wachsen?*

  (Wer die Antwort nicht mehr weiß, kann auf
  S. 10 nachlesen.)

- ### *Wie sorgen die Kapseln des afrikanischen Benn-Nussbaums für reines Trinkwasser?*

  (Wer die Antwort nicht mehr weiß, kann auf
  S. 12 nachlesen.)

Grüne Wunder entdecken

◎ **Dank welcher Substanz soll in Zukunft auf die Verwendung von Pottwalöl als Schmierstoff für Motoren verzichtet werden?**

(Wer die Antwort nicht mehr weiß, kann auf S. 15 nachlesen.)

◎ **Wie gelingt es Maispflanzen, Wespen auf sich aufmerksam zu machen und zu Hilfe zu rufen?**

(Wer die Antwort nicht mehr weiß, kann auf S. 19 nachlesen.)

◎ **Nenne drei Produkte, die man aus der vielseitigen Maispflanze gewinnen kann!**

(Wer die Antwort nicht mehr weiß, kann auf S. 29 nachlesen.)

Magische

Kräfte

Wundermittel oder Giftstoff?

Magische Kräfte

Wie behandeln gelegentlich Grislibären ein verletztes Glied?

a) Sie beißen es mit den Zähnen ab.

b) Sie bedecken es mit Schlamm.

c) Sie tauchen es in schwefelhaltiges Wasser ein.

Antwort c) ist richtig. Die Heilkraft von schwefelhaltigem Wasser ist also nicht nur den Menschen bekannt.

Welche Pflanze nehmen Wölfe zu sich, um Magenprobleme zu bekämpfen?

a) Brennnesseln.

b) Margeriten.

c) Die wilde Haferwurz.

Antwort a) ist richtig. Wenn der Magen ihn quält, nimmt der Wolf Brennnesseln zu sich, die ihn zum Erbrechen bringen.

Magische Kräfte

Welchem Körperteil des Tigers schreibt die chinesische Medizin heilende Wirkung zu?

a) Den Geschlechtsteilen.
b) Dem Herz.
c) Den Knochen.

Antwort c) ist richtig. Tigerknochen wurden seit Jahrhunderten als Zutat in der Herstellung von Heilmitteln der traditionellen chinesischen Medizin verwendet. Ein einziges Kilo kann über 2.000 Euro wert sein.

Mit welcher Pflanze krönte man sich in der Antike den Kopf, um die von Alkohol verursachten Kopfschmerzen zu behandeln?

a) Mit der Mistel.
b) Mit dem Veilchen.
c) Mit der Weinrebe.

Antwort b) ist richtig. In der Homöopathie wird das Veilchen heute eingesetzt, um Ohrenschmerzen oder auch bestimmte Augenbeschwerden zu heilen.

Welche Tiere können in der Medizin benutzt werden, um Wunden wieder zu schließen?

a) Nacktschnecken.

b) Krebse.

c) Fliegenlarven.

Antwort c) ist richtig. Die Larve der Lucilia-Sericata-Fliege ernährt sich nur von Bakterien und totem Gewebe. Auf die Wunden gelegt, ermöglichen sie eine sehr gute Heilung und geringe Narbenspuren.

Welche Pflanze wurde manchmal benutzt, um Hauterkrankungen nachzuahmen?

a) Die Einengroschenbitte.

b) Die Sellerie.

c) Die Heckenklematis.

Antwort c) ist richtig. Diese Liane hat hautreizende Eigenschaften und kann deshalb Hautkrankheiten vortäuschen.

Magische Kräfte

Welches Tier wurde hunderttausendfach geopfert, damit der Impfstoff gegen Kinderlähmung entwickelt werden konnte?

a) Das Zwergkaninchen.
b) Die weiße Maus.
c) Der Rhesusaffe.

Antwort c) ist richtig. Wenn auch die Affen ohne den Menschen auskommen würden, konnte der Mensch auf die Hilfe des Rhesusaffen nicht verzichten, um diesen Impfstoff zu entwickeln. Hoffentlich wird man sich daran erinnern ...

Welche Pflanze kann man essen, um dicker zu werden?

a) Den Bockshornklee.
b) Die Weide.
c) Die Gurke.

Antwort a) ist richtig. Der Samen dieser aus Kleinasien stammenden Pflanze enthält eine Substanz, die die Fettbildung des Organismus stimuliert.

Magische Kräfte

Womit bedecken manche Ratten ihre Wunden?

a) Mit Butterblumen.
b) Mit Apfelbaumblättern.
c) Mit Fichtennadelharz.

Antwort c) ist richtig. Fichtennadelharz verhindert Infektionen und Entzündungen und beschleunigt so den Heilprozess.

Wozu dient das Birkenöl?

a) Es hilft bei der Heilung von Baumwunden.
b) Es heilt bestimmte Hautkrankheiten.
c) Es eignet sich gut, um Schiffsmotoren zu schmieren.

Antwort b) ist richtig. Birkenöl wird durch trockene Destillation der Rinde gewonnen. Die Blätter der Birke regen auch die Harnausscheidung an.

Magische Kräfte

Welche Eigenschaften besitzt das Schöllkraut, eine in gemäßigten Klimazonen wachsende Pflanze mit gelben Blüten?

a) Sie verbessert das Sehvermögen.
b) Sie heilt Warzen.
c) Sie fördert das Braunwerden.

Antwort b) ist richtig. Die gelbe Flüssigkeit, die aus einem gebrochenen Stiel fließt, kann Warzen sowie Hühneraugen und Schwielen heilen.

Welche Pflanze hat eine präventive Wirkung auf Karies?

a) Zimt.
b) Thymian.
c) Melisse.

Antwort b) ist richtig. Zusätzlich zu seiner Anti-Karies-Wirkung hilft der Thymian auch, chronische Bronchitis zu bekämpfen.

Magische Kräfte

Welche Pflanze kann sich als nützlich erweisen, um Hautausschläge zu behandeln?

a) Der Kürbis.

b) Die Tomate.

c) Die Artischocke.

Antwort c) ist richtig. Bei den Römern bereits bekannt für ihre geschmacklichen und therapeutischen Qualitäten, wird die Artischocke heute der Zusammensetzung vieler gallenanregender oder Diabetes und Ekzeme bekämpfender Medikamente beigefügt.

Welche Pflanze wird häufig von Zahnärzten benutzt, um Schmerzen zu lindern?

a) Der Weißdorn.

b) Der Holunder.

c) Die Nelke.

Antwort c) ist richtig. Die Nelke ist in der Zusammensetzung vieler Schmerzmittel enthalten. Ihr Geruch kennzeichnet heutzutage die Warteräume der Zahnärzte.

Welche Zierpflanze hilft bei der Behandlung von bestimmten Krebsarten?

a) Die Eibe.
b) Die Thuja.
c) Der Ficus.

Antwort a) ist richtig. Die Eibe ist ein Nadelbaum, dessen Stamm Taxol enthält, eine Substanz, die sich als sehr wirksam in der Behandlung von Haut- oder Dickdarmkrebs erweist.

Woher kommt das Kurare, ein starkes Gift für Indianerpfeile?

a) Von einem Frosch.
b) Von einem Fisch.
c) Von einer Schlingpflanze.

Antwort c) ist richtig. Das Kurare wird aus Pflanzen der Strychnosfamilie gewonnen. In karibischer Sprache heißt Kurare: „Da wo es hinkommt, fällt man um".

Magische Kräfte

Wie behandelte Friedrich I. Barbarossa seine Mattigkeit?

a) Mit Jogurt.

b) Mit Kichererbsenmehl.

c) Mit Nelkenpfeffer.

Antwort a) ist richtig. Ein jüdischer Arzt aus Konstantinopel verschrieb dem Kaiser diese Behandlungsmethode, denn es wurde dem Jogurt, damals in Zentral- und Osteuropa verbreitet, eine hohe Heilwirkung beigemessen.

Was verschrieb ein Arzt im 17. Jahrhundert, um von vergifteten Pfeilen verursachte Wunden zu heilen?

a) Gekaute Quitten aufzulegen.

b) Gekochtes Wasser zu trinken.

c) In Brennnesseln zu waten.

Antwort a) ist richtig. Die Quitte wurde lange in der Medizin angewandt. Sie sollte angeblich hohes Fieber senken, Brechreiz lindern und Blutspucken stoppen.

Magische Kräfte

In was wurde früher die Seefelsenpflanze Färberflechte getaucht, um einen roten Farbstoff herzustellen?

a) In Urin.
b) In Ziegenmilch.
c) In Ahornsirup.

Antwort a) ist richtig. Der ammoniakhaltige Urin löst einen Gärungsprozess aus. Dadurch entsteht der rote Farbstoff.

Was enthält der Bittermandelkern?

a) Blausäure.
b) Zyanid.
c) Quecksilber.

Antwort b) ist richtig. Auch Pfirsich-, Aprikosen- und Kirschkerne enthalten Zyanid. In großer Menge bewirkt diese Substanz den Tod, indem sie den Atemmechanismus der menschlichen Körperzellen blockiert.

Magische Kräfte

Welches Getränk nahm Ludwig der XIV. täglich nach dem Aufstehen zu sich?

a) Salbeitee.

b) Mohrrübensaft.

c) Jasmintee.

Antwort a) ist richtig. Seit der Antike ist Salbei für seine Heilwirkung bekannt. Vor kurzem wurde sogar entdeckt, dass er helfen kann, die Alzheimersche Krankheit zu bekämpfen.

Wozu dienen die kalkhaltigen Algen in der Chirurgie?

a) Um die Patienten einzuschläfern.

b) Um den Blutkreislauf zu fördern.

c) Um Knochenverpflanzungen zu erleichtern.

Antwort c) ist richtig. Die kalkhaltigen Algen dienen in der Knochenchirurgie heute als biologisches Implantat für Transplantationen.

Magische Kräfte

Woher kommt Zyklosporin, eine bei Organverpflanzungen benutzte Substanz?

a) Von einem winzigen Pilz.

b) Von einer roten Flechte.

c) Von einer Süßwasseralge.

Antwort a) ist richtig. Zyklosporin wird von einem winzigen, auf den Hochebenen in Norwegen wachsenden Pilz produziert. Es wurde 1970 entdeckt und 1979 in Laboren hergestellt. Es erleichtert Herztransplantationen erheblich, weil es Abstoßreaktionen vorbeugt.

Was taten die Indianer am Amazonas lange Zeit, um Wunden zu verschließen?

a) Sie bedeckten die Wunden mit Quecksilber.

b) Sie haben Ameisen als Haken benutzt.

c) Sie rieben die Wunden mit einem Frosch ein.

Antwort b) ist richtig. Die Indianer brachten die Ameisen dazu, in die Wundränder zu beißen, bevor sie ihnen den Körper abrissen. Die Kinnladen blieben festgehakt: Eine interessante Art, Wunden zu nähen.

Magische Kräfte

Welcher Sirup fördert das Keimen von Pflanzensamen?

a) Ahornsirup.
b) Honigsirup.
c) Zuckersirup.

Antwort b) ist richtig. Honig enthält zahlreiche Vitamine. Er ist nicht nur für den Menschen gesund, sondern auch für manche Pflanzen, deren verwelkte Blätter und Zweige wiederbelebt werden.

Welche dieser Pflanzen wurde schon im 13. Jahrhundert benutzt, um Haarausfall zu bekämpfen?

a) Der Senf.
b) Der Kerbel.
c) Die Wacholderbeere.

Antwort c) ist richtig. Die Wacholderbeere wurde auch von den Apothekern eingesetzt, um Rheuma zu behandeln und die Harntreibung zu fördern.

Welches Merkmal charakterisiert den Kastanienbaum?

a) Seine Frucht heilt Krampfadern.
b) Sein Holz treibt nicht auf dem Wasser.
c) Seine Blätter werden als Färbemittel benutzt.

Antwort a) ist richtig. Die Kastanie wird manchen Mitteln beigemischt, um Blutkreislaufbeschwerden wie z.B. Krampfadern zu behandeln.

Welchem Baum wurde das Aspirin entnommen, bevor es chemisch synthetisiert wurde?

a) Der Eiche.
b) Der Esche.
c) Der Weide.

Antwort c) ist richtig. Schon in der Antike wurde die Weidenrinde verwertet, denn ihre Wirksamkeit gegen Fieber und Rheuma war damals schon bekannt.

Magische Kräfte

Welches Gemüse kann für Breiumschläge benutzt werden, um die Heilung von Wunden zu fördern?

a) Die Mohrrübe.
b) Die Erbse.
c) Die Linse.

Antwort c) ist richtig. Es wird empfohlen, die Linsen in Wasser zu kochen und sie zu pürieren.

Was macht der Pinguin der Adelie-Region, wenn er an Darmentzündung leidet?

a) Er schluckt Steine.
b) Er frisst kleine Krebse.
c) Er lutscht Eisbrocken.

Antwort b) ist richtig. Diese kleinen Krebse ernähren sich von einer antibiotischen Alge, die sich für die Heilung von Darmentzündungen als sehr wirksam erwiesen hat.

Magische Kräfte

Was wurde in einem englischen Apothekerbuch vorgeschlagen, um Diabetes zu behandeln?

a) Die Nacht auf Lindenästen zu verbringen.

b) Sich den Bauch mit einem Fuchsschwanz zu reiben.

c) Ein Pulver aus getrockneten Mäusen zu sich zu nehmen.

Antwort c) ist richtig. Heute noch wird Mäusen eine Heilwirkung beigemessen. Im Nahen Osten legt man kleine Mäuse in Olivenöl ein und stellt so einen Wunderarzneitrank her.

Welche Wirkung löst Morphium bei einer Katze aus?

a) Es macht sie wütend.

b) Ihre Zähne werden länger.

c) Es lässt sie vor Glück miauen.

Antwort a) ist richtig. Jedem seine Reaktion. Dieses bei Menschen wirkungsvolle Beruhigungsmittel erweist sich als ein starkes Erregungsmittel für Katzen.

Magische Kräfte

Welches Gemüse wird auch „Magenbesen" genannt?

a) Der Spinat.

b) Der Chicorée.

c) Die Zwiebel.

Antwort a) ist richtig. Der aus Persien stammende Spinat wird nicht nur wegen seiner geschmacklichen Qualitäten geschätzt, sondern auch wegen seiner heilenden Eigenschaften, denn er fördert z.B. die Verdauung.

Welches Tier frisst den Fliegenpilz, einen sehr giftigen Pilz?

a) Der Fuchs.

b) Das Reh.

c) Der Hase.

Antwort c) ist richtig. Wie die Nacktschnecke kann auch der Hase die für Menschen giftigen Pilze fressen, ohne das geringste Verdauungsproblem zu bekommen.

Welche Substanz wurde 1929 von Alexander Fleming, der den Nobelpreis für Medizin erhielt, entdeckt?

a) Vaselin.
b) Penizillin.
c) Strychnin.

Antwort b) ist richtig. Ganz zufällig stieß Fleming auf das erste Antibiotikum. Winzige vom Wind getragene Pilze setzten sich auf Bakterienkulturen, die an einem Fensterrand seines Labors standen, nieder. Fleming stellte fest, dass sie die Bakterien töteten. Er untersuchte sie und entdeckte das Penizillin.

Unter welchen Umständen gräbt ein Wolf eine Schlangenknöterichwurzel aus und frisst sie?

a) Nachdem er sich eine Pfote gebrochen hat.
b) Vor der Paarung.
c) Nachdem er von einer Schlange gebissen worden ist.

Antwort c) ist richtig. Diese Wurzel dient dem Wolf als Abführmittel. Sie bewirkt die rasche Ausscheidung des Schlangengiftes.

Magische Kräfte

Welche dieser Substanzen, die zur Giftherstellung verwendet werden, ist nicht pflanzlichen Ursprungs?

a) Der Schierling.

b) Das Kurare.

c) Das Arsen.

Antwort c) ist richtig. Das Arsen ist ein chemisches Element, dessen graue Kristalle in Form von Mineralien im Erdboden vorhanden sind. Das oxidierte Arsen, das auch weißes Arsen genannt wird, ist in hoher Dosis sehr giftig.

Welche Pflanze findet man in der Hälfte der traditionellen chinesischen Heilmittel?

a) Soja.

b) Bambus.

c) Ginseng.

Antwort c) ist richtig. Die Chinesen kennen schon seit 4.000 Jahren die Heilwirkung dieser Wunderpflanze. Ihr Ruhm hat aber auch mit der Ähnlichkeit der Wurzelform mit dem menschlichen Körper zu tun.

Magische Kräfte

Welche dieser drei Pflanzen hilft, Husten zu lindern?

a) Die Kamille.

b) Der Löwenzahn.

c) Der Gundermann.

Antwort c) ist richtig. Der Erdefeublütentee kann helfen, Husten und Lungenkatarrh zu heilen.

Welche dieser drei Pflanzen helfen gegen Magenkrämpfe?

a) Basilikum.

b) Thymian.

c) Knoblauch.

Antwort a) ist richtig. Basilikumblütentee kann helfen, nervös bedingte Magenkrämpfe zu beruhigen.

Magische Kräfte

Welche dieser drei Pflanzen hilft gegen chronische Bronchitis?

a) Fenchel.

b) Thymian.

c) Heidekraut.

Antwort b) ist richtig. Thymiantee hilft wirksam, chronische Bronchitis, Husten und sogar Keuchhusten zu behandeln.

Wie heilen sich Gämsen, die von einer Schlange gebissen worden sind?

a) Sie reiben die Wunde mit ihren Hörnern.

b) Sie beißen sich das vergiftete Fleischstück ab.

c) Sie fressen ein spezielles Gras.

Antwort c) ist richtig. Um sich zu heilen, fressen Gämsen Wolfsmilch, Pflanzen, die sie sonst nie fressen. Diese wirken abführend und entgiften sie.

Magische Kräfte

Welches Grundnahrungsmittel ist giftig, wenn es roh verzehrt wird?

a) Der Maniok.

b) Der Reis.

c) Die Erbse.

Antwort a) ist richtig. Aus dem aus Brasilien stammenden Maniok wird Tapioca hergestellt. Seine dicken Wurzeln enthalten eine milchartige, giftige Flüssigkeit, die erst durchs Kochen zerstört wird.

Worauf wirkt das Gift der Kobra ein?

a) Auf die Atmung.

b) Auf das Nervensystem.

c) Auf die Blutgerinnung.

Antwort a) ist richtig. Das Gift der Kobra bewirkt somit einen Erstickungstod. Wogegen das der Klapperschlange einen Herzstillstand hervorruft.

Magische Kräfte

Warum werden Lavendelsäckchen in Kleiderschränke gelegt?

a) Um Kleidermotten fernzuhalten.

b) Um Schimmel zu verhindern.

c) Um einen angenehmen Duft zu verbreiten.

Antwort a) ist richtig. Der Lavendel ist eine Pflanze, die einen für Kleidermotten unangenehmen Duft verströmt. Dagegen fühlen sich von diesem Duft viele Bienen geradezu angelockt, worüber sich der Imker freut.

Welche unerwünschte Eigenschaft hat Portwein, der in Eibenfässern gelagert wurde?

a) Er wird wässrig und blass.

b) Er wird giftig.

c) Er verliert seinen Alkoholgehalt.

Antwort b) ist richtig. Im Mittelalter starben die Portweintrinker daran, dass sie diesen in Eibenholzfässern alt gewordenen Wein getrunken hatten. Die Winzer wussten zweifellos nicht, dass die Eibe giftige Stoffe enthält.

Magische Kräfte

Welche Heilkraft hat der Brombeerstrauch?

a) Er heilt Migräne.

b) Er bekämpft Durchfall.

c) Er löst Nierensteine auf.

Antwort b) ist richtig. Sogar der Brombeerstrauch kann für die menschliche Gesundheit nützlich sein. Die Botaniker sagen oft: „Ein Unkraut ist eine Pflanze, deren Heilkräfte noch nicht entdeckt wurden".

Welche dieser drei Pflanzen hilft bei der Behandlung von Bindehautentzündung?

a) Kamille.

b) Petersilie.

c) Enzian.

Antwort a) ist richtig. Kamillentee hilft auch bei der Linderung von Augenlidentzündungen, fördert die Verdauung und wirkt fiebersenkend.

Magische Kräfte

Was bewirkt das Nervengift der im Meer lebenden Kegelschnecke?

a) Es lindert Schmerzen bei Krebspatienten.

b) Es löst eine für wenige Minuten anhaltende, vollständige Lähmung aus.

c) Es erzielt einen Verjüngungseffekt bei der Gesichtshaut.

Antwort a) ist richtig. Wo Gift ist, da ist auch der Stoff, aus dem sich Heilmittel gewinnen lassen. Die Substanzen, die Wissenschaftler bisher aus Meeresorganismen gewonnen haben, sind eine große Bereicherung für die Medizin.

Welche Pflanze benutzte man früher, um die Kranken vor chirurgischen Eingriffen einzuschläfern?

a) Die Trauerweide.

b) Die Stechpalme.

c) Den Lattich.

Antwort c) ist richtig. Der Lattich enthält eine weiße Flüssigkeit, die aus den abgeschnittenen Wurzeln fließt. Die ersten Chirurgen bedienten sich dieser Art Latex, um Lactucarium, eine für seine einschläfernde Wirkung bekannte Substanz, zuzubereiten.

Nachgefragt

◎ *Welche Heilkraft besitzt der Thymian außer seiner präventiven Wirkung gegen Karies?*

(Wer die Antwort nicht mehr weiß, kann auf S. 55 nachlesen.)

◎ *Was bedeutet der Name des Pfeilgifts Kurare wörtlich übersetzt?*

(Wer die Antwort nicht mehr weiß, kann auf S. 57 nachlesen.)

◎ *Warum tut Honig nicht nur dem Menschen, sondern auch manchen Pflanzen gut?*

(Wer die Antwort nicht mehr weiß, kann auf S. 62 nachlesen.)

Tierische

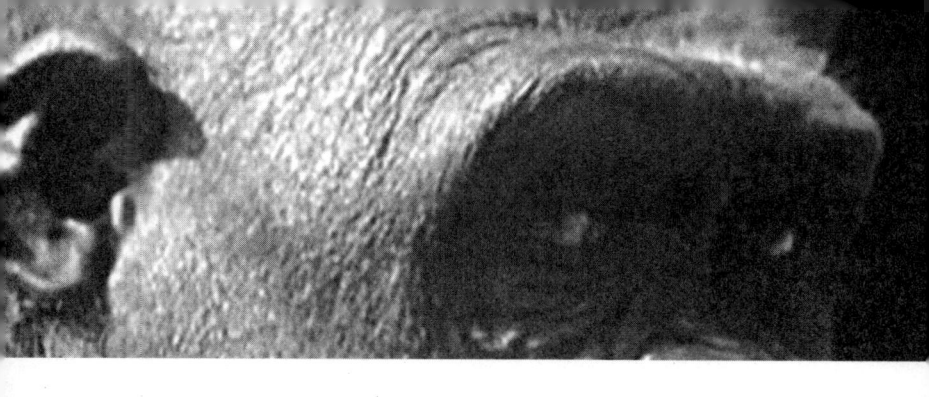

Geschichten

Einfach zum Staunen

Tierische Geschichten

Warum verfängt sich die Spinne nicht in ihrem eigenen Spinnennetz?

a) Weil sie mit Öl bedeckt ist.

b) Weil sie eine Drüse besitzt, die ein Lösungsmittel absondert.

c) Weil sie ihre Beine mit Seide bedeckt.

Antwort a) ist richtig. Normalerweise achtet die Spinne darauf, nicht auf klebende Fäden zu treten. Wenn sie aber doch einen klebenden Faden berührt, ist sie durch das an ihrem Körper haftende Öl geschützt.

Was war die Besonderheit des Mammutafters?

a) Er war 1 m breit.

b) Er war von einer Klappe bedeckt.

c) Er befand sich unter dem Bauch des Mammuts.

Antwort b) ist richtig. Diese Klappe war eine Anpassung an die Kälte und verhinderte den Wärmeverlust im Körper des Tieres.

Tierische Geschichten

Welches Merkmal kennzeichnet die amerikanische Fleisch-Goldfliege?

a) Sie ist ganz rot.

b) Sie legt ihre Eier in Tierwunden.

c) Sie ernährt sich nur von Blut.

Antwort b) ist richtig. Die erwachsene Fleisch-Goldfliege ernährt sich einzig von Blumennektar. Dagegen können sich die Larven nur in lebendem Fleisch entwickeln. Heute findet man sie auch in Afrika, wo sie eine richtige Plage für die Viehzüchter ist.

Was ist ein Monarch?

a) Ein Fisch.

b) Ein Vogel.

c) Ein Schmetterling.

Antwort c) ist richtig. Der Monarch ist ein 7 cm großer Zugschmetterling, der in Amerika lebt. Er schafft Wanderungen nordwärts von etwa 2.000 km an einem Stück.

Tierische Geschichten

Warum nisten die in den Tropen beheimateten Oropendulas, auch Stirnvögel genannt, in der Nähe von Wespennestern?

a) Um sich zu schützen.

b) Um eine Nahrungsquelle in der Nähe zu haben.

c) Um für den Bau ihrer Nester Wachs zu holen.

Antwort a) ist richtig. Die aggressiven Wespen verjagen die Fliegen, die ihre Eier auf die Vogeljungen legen, sowie die Tukane und Schlangen, die die Eier fressen. Für die Stirnvögel ist es also sehr günstig, neben diesen schützenden Wespen zu nisten, die keine Gegenleistung verlangen.

Wovon ernähren sich die blattschneidenden Ameisen?

a) Von Blättern.

b) Von Ameisen.

c) Von Pilzen.

Antwort c) ist richtig. Diese Ameisen können Blätter nicht verdauen, sie züchten aber Pilze, die es an ihrer Stelle tun. Die Fruchtkörper dieser Pilze dienen dann zur Ernährung des Ameisenvolkes.

Tierische Geschichten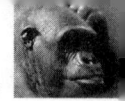

Über welche Distanz können sich manche mit dem Wind schwebenden Spinnen fortbewegen?

a) 2 km.
b) 20 km.
c) 200 km.

Antwort c) ist richtig. Diese Spinnen hängen an ihrem Faden, den man Jungfrau nennt, und können sich in über 1.500 m Höhe treiben lassen.

Welche Schmetterlingsraupe kann in gefrorenem Zustand über 10 Monate bei Temperaturen von minus 50° Celsius überleben?

a) Der sibirische Diamant.
b) Der Seidenspinner aus Grönland.
c) Die Patella der Antarktis.

Antwort b) ist richtig. Diese Raupe, die nicht kälteempfindlich ist, wartet geduldig auf gnädigere Temperaturen, um sich zu entwickeln und sich in einen schönen Schmetterling zu verwandeln.

Was benutzen manche Fischer in Asien zum Angeln?

a) Einen Kormoran.

b) Einen Bambusstock.

c) Eine Pferdemähne.

Antwort a) ist richtig. Bei dieser uralten Technik lässt man den an die Angelschnur gebundenen Kormoran anstelle des Menschen angeln. Der Fischer hat ihm vorher einen Ring um den Hals gelegt, was ihn daran hindert, den Fisch zu schlucken. Der Fischer braucht ihn nur noch aus dem Schnabel des Vogels zu nehmen.

Was ist am Pinseläffchen besonders?

a) Die Jungen werden von der Großmutter aufgezogen.

b) Es ernährt sich von Baumsaft.

c) Es uriniert auf die Früchte, bevor es sie frisst.

Antwort b) ist richtig. Mit Hilfe seiner sehr scharfen Schneidezähne kerbt das Pinseläffchen Baumstämme ein und besucht sie regelmäßig, um den davon abfließenden Saft abzulecken.

Tierische Geschichten

Was kennzeichnet die Wasserspinne?

a) Ihre Augen sind größer als ihr Magen.

b) Sie spinnt ihr Netz unter Wasser.

c) Sie hat nur vier Beine.

Antwort b) ist richtig. Die Wasserspinne fertigt unter der Wasseroberfläche einen kleinen Ball aus Seide an, den sie mit Luft füllt. In diesem Ball paaren sich die Spinnen, legen Eier und überwintern.

Was haben die Schwarze Witwe, die Gottesanbeterin und der Wüstenskorpion gemeinsam?

a) Die Weibchen fressen die Männchen.

b) Alle drei Tiere haben keine Flügel.

c) Alle drei Arten sind giftig.

Antwort a) ist richtig. Bei diesen drei Arten fressen die Weibchen die Männchen.

Tierische Geschichten

Welches Transportmittel benutzt der Pflasterkäfer?

a) Baumblätter.
b) Wasserläufe.
c) Bienen.

Antwort c) ist richtig. Wenn der Pflasterkäfer aus seinem Ei geschlüpft ist, klettert er auf Bäume und wartet auf die Ankunft der Andrena-Bienen. Dann klammert er sich an eine von ihnen, um sich befördern zu lassen. Danach legt er seine Eier in der Nähe eines Bienenstocks.

Aus welchem Land stammen die Halbaffen?

a) Aus Gabun.
b) Aus Madagaskar.
c) Aus Kuba.

Antwort b) ist richtig. Vor 2.000 Jahren zählte diese Insel 33 Arten unserer entfernten Verwandten, den Halbaffen. Es sind heute nur noch 19 Arten übrig und die meisten sind wegen des Aussterbens des tropischen Waldes bedroht.

Tierische Geschichten

Welche Eigenschaft hat die Goldruten-Raupe?

a) Sie bewegt sich im Stehen.

b) Sie ist von Kopf bis Fuß goldfarben.

c) Sie überlebt Temperaturen von minus 30° Celsius.

Antwort c) ist richtig. Um der Kälte der Polarregionen zu widerstehen, stellt diese Raupe Glyzerin her, welches die gleiche Funktion wie Frostschutzmittel hat. Durch das in großen Mengen von der Raupe produzierte Glyzerin (das bis zu 40% ihres Gewichts darstellt) kann das Wasser ihres Körpers flüssig bleiben, sogar bei minus 30° Celsius.

Warum dreht das Nilpferd seinen Schwanz, wenn es seine Notdurft verrichtet?

a) Um die Fliegen zu verjagen.

b) Um seinen Bereich abzugrenzen.

c) Um sich zu erfrischen.

Antwort b) ist richtig. Das Nilpferd verbreitet dabei eine größere Menge an Exkrementen am Boden, wodurch es seinen Bereich abgrenzt.

Tierische Geschichten

Welcher Fisch kann am Boden der tropischen Regenwälder überleben?

a) Ein auf Bäumen lebender Barsch.

b) Ein vegetarischer Piranha.

c) Ein roter Wels.

Antwort c) ist richtig. Dieser kleine, blinde, schuppenlose Wels ernährt sich von Würmern und Insekten, die er mit seinem sensorischen Schnurrbart fängt.

Welche dieser drei Spinnen ist die giftigste?

a) Die schwarze Witwe.

b) Die Salticus.

c) Spiderman.

Antwort a) ist richtig. Die schwarze Witwe ist eine der wenigen Spinnen, die einen Menschen töten kann.
Die große Mehrheit der anderen Spinnen stellt aber keine Gefahr für uns dar.

Tierische Geschichten

Was tun die Ameisen in der australischen Wüste, um sich leichter fortzubewegen?

a) Sie lassen sich vom Wind tragen.
b) Sie bauen feste Wege.
c) Sie lassen sich von Eidechsen befördern.

Antwort b) ist richtig. Diese Ameisen verkleben Sandkörner mit dem Saft einer Pflanze und bilden so ein richtiges Netz von "Ameisenstraßen".

Wozu dienen die Sandkörner, die sich bei Flusskrebsen in den Mulden am Ansatz ihrer Antennen befinden?

a) Zur Unterscheidung von oben und unten.
b) Zur Verdauungsförderung.
c) Um Angreifer zu blenden.

Antwort a) ist richtig. Die nach unten rutschenden Sandkörner streifen die sich in den Mulden befindlichen Sensorhärchen und zeigen so dem Flusskrebs oben und unten an. Würde man diese Sandkörner durch Eisenstaub ersetzen und einen Magneten auf den Rücken des Krebses binden, würde sich dieser auf den Rücken legen!

Tierische Geschichten

Welches Tier findet man im Himalajagebirge in 6.000 m Höhe außer Kröten und Vögeln?

a) Eine Affenart.

b) Eine Spinnenart.

c) Den Steinmarder.

Antwort b) ist richtig. Die Salticus scenicus, eine kleine Spinne, die ihre Beute jagt, indem sie diese anspringt, kann in einer Höhe von bis zu 6.700 m leben. Da es aber nicht mehr viele Insekten in dieser Höhe gibt, wartet sie geduldig darauf, dass der Wind ihr welche heranträgt.

Welche Besonderheit kennzeichnet den Molukken-Krebs, ein Meerestier mit einem Panzer?

a) Er verfügt über eine Art Laserstrahl.

b) Seit 200 Millionen Jahren hat er sich nicht verändert.

c) Er zerdrückt seine Beute mit seinem Panzer.

Antwort b) ist richtig. Der Molukken-Krebs ist ein richtiges lebendes Fossil. Sein hufeisenförmiger Panzer hat ihm scheinbar während all dieser Jahre Glück gebracht!

Tierische Geschichten

Was zeichnet die Layternaria-Fliege aus?

a) Sie verfügt über einen falschen Kopf an ihrem Hinterteil.

b) Sie kann schwimmen.

c) Sie fliegt auf dem Rücken.

Antwort a) ist richtig. Wenn sie angegriffen wird, fliegt sie in die entgegengesetzte Richtung als die von ihrem Feind erwartete. Letzterer ist dann ziemlich verwirrt!

Wer bohrte ein Loch in den Schiffsrumpf der HMS-Dreadnought, ein englisches Schiff, das aus Sri Lanka kam?

a) Ein Spechtpaar.

b) Ein riesiger Tintenfisch.

c) Ein Schwertfisch.

Antwort c) ist richtig. Schwertfische können mit einer Geschwindigkeit von 100 km/Std. schwimmen. Sie schaffen es nicht immer, Schiffen auszuweichen. Das Britische Museum hat das Rumpfstück eines Schiffes aufbewahrt, das 56 cm tief vom Schwert eines solchen Fisches durchbohrt worden war.

Tierische Geschichten

Warum baut der Ameisenlöwe, eine Fliegenlarve, eine Art Trichter in den Sand?

a) Um seine Beute zu fangen.

b) Um Wasser zu sammeln.

c) Um sein Lieblingskraut anzubauen.

Antwort a) ist richtig. Zu Beginn seines Lebens baggert der Ameisenlöwe einen Trichter, in dem er sich verkriecht, und lässt nur seinen Kopf herausragen. Dann wartet er, bis ein Insekt in das Loch fällt, um es zu töten und sich vom Saft dessen Körpers zu ernähren.

Welche anatomische Eigenschaft hat das Babirusa, ein asiatisches Schwein?

a) Es trinkt, indem es Wasser mit seinem Rüssel aufsaugt.

b) Seine Zähne reichen bis zu seinem Schädel.

c) Es hat nur einen Hoden.

Antwort b) ist richtig. Die oberen Eckzähne dieses Tiers wachsen aus dem Maul heraus und in ihrer Biegung reichen sie manchmal bis zum Schädel.

Tierische Geschichten

Wohin legt die weibliche Dasselfliege ihre Larven?

a) In die Nasenhöhlen von Schafen.
b) In die Augen von Schlangen.
c) In die Ohren von Elefanten.

Antwort a) ist richtig. Nachdem die Eier sich in seinem Körper in Larven verwandelt haben, legt das Insekt diese in die Nasenhöhlen von Schafen, wo sie sich von den Membranen ernähren.

Wo liegen die Gehörmembranen bei der Grille?

a) Unter ihren Flügeln.
b) Auf den Vorderbeinen.
c) Sie hat wohl keine.

Antwort b) ist richtig. Die Gehörmembranen der Grille liegen unter den Kniegelenken der Vorderbeine und verfügen jeweils über ca. 60 tonempfindliche Zellen.

Tierische Geschichten

Was ist die Hauptursache der Eichenräude, einer parasitären Krankheit?

a) Ein Wurm.
b) Ein Virus.
c) Ein Insekt.

Antwort c) ist richtig. Manche Insekten wie die Eichengallwespe legen ihre Eier auf ein Eichenblatt. Die Larve scheidet bestimmte Stoffe aus, die auf dem Blatt haften bleiben. Daraufhin produziert das Blatt kugelförmige nährstoffreiche Auswüchse, die anschließend von der Larve gefressen werden.

Welcher Fisch entwickelt Darmgeräusche, wenn er über die Wasseroberfläche springt?

a) Der Hecht.
b) Der Barsch.
c) Die Schmerle.

Antwort c) ist richtig. Die Seeschmerle hat eine Darmatmung entwickelt, die sie einsetzt, wenn der Wassersauerstoffgehalt abnimmt. Wenn sie springt, setzt sie durch den After die Luft aus ihren Gedärmen frei und ersetzt sie durch frische Luft.

Tierische Geschichten

Woher kommt der Name der Prozessionsraupen, die in den Fichtennadelbäumen leben?

a) Sie bewegen sich im Gänsemarsch.
b) Sie sind mit schwarzem Samt überzogen.
c) Sie häuten sich alle zu Pfingsten.

Antwort a) ist richtig. Am Ende des Winters verlassen diese Raupen alle hintereinander die Fichtennadelbäume, auf denen sie sich ernährt haben. Sie graben sich dann in den Boden ein, bevor sie sich einige Monate später in Schmetterlinge verwandeln.

Was ist an dem in Amazonien beheimateten Fisch Anableps, auch Vierauge genannt, besonders?

a) Er singt während der Paarungszeit.
b) Er kann gleichzeitig im Wasser und in der Luft sehen.
c) Er ändert seine Farbe je nach der Wassertemperatur.

Antwort b) ist richtig. Die Augen des Anableps sitzen auf dem oberen Teil seines Kopfes und sind in zwei horizontale Teile getrennt. Wenn er knapp unter der Wasseroberfläche schwimmt, kann er simultan in die Luft und ins Wasser blicken.

Wo verbringen manche Kurzflügler, Insekten mit einem Panzer, den Winter?

a) In Bienenkörben.

b) In Kaminen von Häusern.

c) In Ameisenhaufen.

Antwort c) ist richtig. Diese Käferart produziert den Ameisen bekannte Wirkstoffe und nutzt diese, um in die Ameisenhaufen einzudringen. So werden sie von den ahnungslosen Gastgebern monatelang beherbergt und ernährt.

Wie wird die Pest von der Ratte auf den Menschen übertragen?

a) Durch Fliegen.

b) Durch Flöhe.

c) Durch Ameisen.

Antwort b) ist richtig. Die Pest wird vom Yersin-Bazillus verursacht, der Flöhe infiziert. Die Flöhe schmarotzen an den Ratten und übertragen ihn auf sie, bevor diese die Menschen anstecken.

Tierische Geschichten

Was ähnelt dem hinteren Teil einer Schmetterlingsraupe aus Costa Rica?

a) Ein Vipernkopf.
b) Ein Blatt.
c) Ein Blütenblatt.

Antwort a) ist richtig. Dies ist ein typisches Beispiel für eine Schutzfärbung, die zu den spektakulärsten gehört, die bisher in der Tierwelt entdeckt wurden. Sie erstaunt Wissenschaftler, nur ihre Angreifer nicht, die sofort die Flucht ergreifen!

In welchem Land Europas erschienen die Kartoffelkäfer zum ersten Mal?

a) In Belgien.
b) In Frankreich.
c) In Deutschland.

Antwort b) ist richtig. In Amerika gestartet, landeten die Kartoffelkäfer in Bordeaux, Frankreich, im Jahre 1922. Dann eroberten sie allmählich den Rest Europas und fraßen auf ihrem Durchzug die Kartoffelfelder.

Tierische Geschichten

Was ist die Eigenschaft der Ameisenwanze?

a) Sie sieht der Ameise sehr ähnlich.

b) Sie tanzt wie die Ameisen.

c) Sie bewegt sich auf Ameisenrücken fort.

Antwort a) ist richtig. Die Ameisenwanze nutzt ihren ameisenähnlichen Umriss und ihren Geruch, um in die Ameisenhaufen einzudringen und die von den Ameisen gezüchteten Blattläuse zu fressen.

Wie merkt man in der Regel, dass ein Fisch gerade schläft?

a) Sein Schwanz liegt horizontal.

b) Er ändert seine Farbe.

c) An den Luftblasen, die er bildet.

Antwort b) ist richtig. Ein schlafender Fisch wechselt sehr oft seine Farbe. Einige nehmen auch spezielle Stellungen ein, legen sich z.B. leicht auf die Seite.

Tierische Geschichten

Wie zeichnet sich die männliche Maulwurfsgrille aus, ein großes Insekt mit Wühlfüßen?

a) Sie verströmt ein lähmendes Gas.

b) Sie produziert den lautesten Ton in der Insektenwelt.

c) Sie frisst die anderen Männchen.

Antwort b) ist richtig. Die männliche Maulwurfsgrille baut ihre Höhle wie einen richtigen Schallverstärker mit einem Resonanzraum und zwei trichterförmigen Ausgängen. Bei ruhigem Wetter kann man ihren Gesang in einem Umkreis von 600 m hören, während sich das Insekt mehrere Zentimeter unter der Erde befindet.

Welches Material benutzen die grünen Ameisen in Australien, um die Blätter ihres Baus zusammenzuhalten?

a) Tonerde.

b) Latex.

c) Seide.

Antwort c) ist richtig. Die Larven dieser Ameisen scheiden Seide aus, mit denen die Blätter des Baus verklebt werden. Die Arbeiterameisen tragen diese Larven unter ihrem Bauch von Blatt zu Blatt, um so den Bau zu bilden.

Tierische Geschichten

Wie schaffen es bestimmte Käferarten in der Wüste Namibias (in Südostafrika), nachts ihren Durst zu löschen?

a) Sie hängen sich an den Schwanz der Gazellen.
b) Sie stellen sich mit dem Rücken gegen den Wind und dem Kopf nach unten.
c) Sie graben 30 m tiefe Löcher.

Antwort b) ist richtig. In nebligen Nächten klettern diese Käfer auf Sandhügel, um die Luftfeuchtigkeit aufzufangen. Ihr Panzer hält das Wasser zurück und da sie mit dem Kopf nach unten stehen, fließt die Flüssigkeit direkt in ihren Mund hinein!

Von welchem Tier findet man 43 verschiedene Arten auf einem einzigen Baum im tropischen Wald in Peru?

a) Die Termite.
b) Den Schmetterling.
c) Die Ameise.

Antwort c) ist richtig. Ein tropischer Baum ist ein richtiges Öko-Museum. Dort kann man manchmal mehr Ameisenarten finden als in ganz England!

Tierische Geschichten

Welches Geschlecht der Zikaden singt?

a) Das Männchen.
b) Das Weibchen.
c) Beide.

Antwort a) ist richtig. Die Zikadenmännchen verfügen über kleine Tamburine auf dem Bauch, die mit einem Bündel von Muskeln verbunden sind. Mit einer vierhundertmaligen Anspannung in einer Sekunde bringen diese Muskeln die Tamburine zum Schwingen. Dies produziert den charakteristischen Gesang der Zikaden.

Warum schätzten Krähen die Kuppel des Kreml in Moskau?

a) Weil sie die Goldblätter stehlen wollten.
b) Weil sie ihre Schnäbel daran wetzen konnten.
c) Weil sie darauf rutschen konnten.

Antwort c) ist richtig. Die Krähen hatten aus diesen rutschigen Kuppeln ihren Lieblingsspielplatz gemacht. Sie beschädigten aber die Goldblätter mit ihren Krallen derartig, dass die Moskauer sie mit gezähmten Falken verjagen mussten.

Tierische Geschichten

Welcher Schwimmvogel kann bis zu 100 m Tiefe ins Meer tauchen?

a) Der Pelikan.
b) Die Möwe.
c) Der Kormoran.

Antwort c) ist richtig. Dieser hervorragende Taucher hat absolut keine Angst vor dem Wasser. Er wurde schon von Wissenschaftlern beobachtet, als er in 120 m Tiefe tauchte!

Zu wem gesellt sich der afrikanische Honigdachs, um Honig zu finden?

a) Zu einer Maus.
b) Zu einem Vogel.
c) Zu einem Affen.

Antwort b) ist richtig. Dieser "Anzeiger" genannte Vogel spürt das Bienennest, das sein Gefährte, der Honigdachs, schlecht sehen kann, in den Bäumen auf. Der Honigdachs zerstört dann das Nest, um den Honig zu fressen, während der „Anzeiger" das Wachs und die Larven aufpickt, die er nicht allein hätte fangen können.

Tierische Geschichten

Was geschieht mit einer Termite, die sich verlaufen hat und einen Nahrungsvorrat mit sich führt?

a) Sie verwandelt sich in eine Königin.
b) Sie stirbt.
c) Sie sucht sich eine andere Kolonie.

Antwort b) ist richtig. Soziale Insekten wie Termiten, Ameisen oder Bienen können allein nicht überleben. Ihr einziger Lebenszweck ist es, für und mit ihrer Stammkolonie zu arbeiten.

Welches Merkmal besitzt der Maulesel, eine Kreuzung zwischen einem Esel und einem Pferd?

a) Er ist unfruchtbar.
b) Er hat einen Zahn mehr als der Esel.
c) Er hat zwei Herzen.

Antwort a) ist richtig. Eine Paarung zwischen zwei verschiedenen Arten kann unter besonderen Bedingungen gelingen, die Nachkommen können sich allerdings nicht weiter fortpflanzen, weil sie unfruchtbar sind.

Tierische Geschichten

Warum singen die Vögel vor allem am Anfang und am Ende des Tages?

    a) Um zu vermeiden, entdeckt zu werden.

    b) Weil sich die Töne besser ausbreiten als mitten am Tage.

    c) Um die Insekten der Nacht anzulocken.

Antwort b) ist richtig. Die Sonnenstrahlung bewirkt thermische Strömungen, die Vogelgesänge weniger vernehmbar machen und sogar verschlucken können.

Welches Tier hat ein Herz mit 8 cm dicken Wänden?

    a) Der weiße Hai.

    b) Die Giraffe.

    c) Der Büffel.

Antwort b) ist richtig. Diese schöne Pumpe muss das Blut 3 m hoch bis zum Kopf und 3 m nach unten zu den Hufen pumpen und gleichzeitig für die Durchblutung des großen Blutkreislaufes der Giraffe sorgen.

Tierische Geschichten

Was ist das Besondere an dem amerikanischen goldenen Stachelschwein?

a) Seine Zunge dringt in sein rechtes Nasenloch ein.

b) Es ist das einzige Tier, das mit dem Kopf nach unten von den Bäumen klettert.

c) Es schleift seinen Schnabel an Felsen.

Antwort a) ist richtig. Mit seiner langen Zunge kann das Stachelschwein sehr leicht Insekten in Baumhöhlen fangen. Sie verlängert sich derart, dass es, wenn es sie zurückzieht, sie in seinem rechten Nasenloch unterbringen muss und nur mit dem linken Nasenloch atmen kann.

Was ist ein Tigerlöwe?

a) Das Junge eines Tigers und einer Löwin.

b) Ein Insekt mit einem gestreiften Panzer.

c) Ein giftiger Pilz.

Antwort a) ist richtig. Der Tigerlöwe erbt Merkmale sowohl vom Löwen als auch vom Tiger. Wie bei allen Kreuzungen zweier Arten ist er unfruchtbar und kann keine Nachkommen erzeugen.

Tierische Geschichten

Wo verbringen junge Turmschwalben, schwarze, europäische Vögel, meistens die Nacht?

a) Unter der Erde.

b) In Nestern von anderen Vögeln.

c) In 2.000 m Höhe.

Antwort c) ist richtig. Am Ende des Tages nutzen die jungen Turmschwalben die heißen Luftströme, um bis auf 2.000 m Höhe aufzusteigen. Vermutlich schlafen sie in diesen Höhen schwebend, bevor sie morgens wieder herunterfliegen, um Insekten zu jagen.

Welcher Faktor löst die Wanderung verschiedener Vogelarten aus?

a) Die Kälte.

b) Der Vollmond.

c) Die Verkürzung der Tage.

Antwort c) ist richtig. Die Verkürzung der Tage löst bei den Vögeln hormonelle Veränderungen aus. Diese beeinflussen das Verhalten der Vögel und regen sie dazu an, zu wandern.

Tierische Geschichten

Was ist die Syrinx?

a) Das Organ, mit dem die Vögel singen.
b) Eine Schlange mit 2 Köpfen.
c) Ein großer Wasserwurm.

Antwort a) ist richtig. Zwischen den Lungen und der Luftröhre liegt die Syrinx, die es den Vögeln ermöglicht, melodische Töne zu erzeugen. Sie werden durch das Zusammenziehen der Bauch- und Brustkorbmuskeln moduliert.

Was ist am Spießflughuhn, einem Vogel aus der Savanne Ostafrikas, so besonders?

a) Sein Fleisch ist giftig.
b) Es kann nicht fliegen.
c) Es transportiert Wasser zwischen seinen Federn.

Antwort c) ist richtig. Ähnlich wie ein Löschflugzeug geht das Spießflughuhn Wasser tanken, das es zwischen den Federn seines Bauches festhält. Es fliegt dann zurück zum Nest, um seiner Nachkommenschaft die wertvolle Flüssigkeit zu liefern.

Tierische Geschichten

Wie schützt sich das afrikanische Eichhörnchen vor der Sonne?

a) Es klappt seine Ohren über die Augen.

b) Es deckt sich den Kopf mit einem Blatt zu.

c) Es benutzt seinen Schwanz wie einen Sonnenschirm.

Antwort c) ist richtig. Dieses Eichhörnchen, das häufig in Löchern lebt, hat mit seinem angewachsenen "Sonnenschirm" den besten Schutz gegen Sonnenstiche gefunden.

Was haben Walfische und Flamingos gemeinsam?

a) Sie kommen rosafarben zur Welt.

b) Sie haben nur eine Lunge.

c) Sie ernähren sich mit Hilfe ihrer Wasserfilter.

Antwort c) ist richtig. Wie die Walfische mit ihren Wasserbarten, einer Hornplatte in ihrem Oberkiefer, ernährt sich der Flamingo von Tieren und Pflanzen mit Hilfe des Wasserfilters seines Schnabels. Er fängt sie, indem er Wasser mit seinem Schnabel filtert.

Tierische Geschichten

Warum bedeckt die Dohle ihr Nest hin und wieder mit Tomatenblättern?

a) Weil sie damit Fliegen anlockt.

b) Weil sie damit Flöhe verjagt.

c) Weil die Blätter sehr zart sind.

Antwort b) ist richtig. Die Dohle hat offensichtlich lange vor den Menschen entdeckt, dass Tomatenblätter eine auf Flöhe und Läuse abstoßende Wirkung haben.

Welcher Vogel erreicht im Sturzflug eine Geschwindigkeit von 360 km/Std.?

a) Der Wanderfalke.

b) Der Königsadler.

c) Der Geier von Compostella.

Antwort a) ist richtig. Bei dieser Geschwindigkeit kann der Falke Beutetiere fangen, die bei normaler Flugtechnik doppelt so schnell sind wie er, z.B. Ringeltauben.

Was macht das nordamerikanische fliegende Eichhörnchen, um seine Richtung zu wechseln, wenn es schwebt?

a) Es lässt Steinchen fallen.
b) Es nutzt seinen Schwanz.
c) Es bläst eine Wange auf.

Antwort b) ist richtig. Wie ein Steuer ermöglicht ihm sein Schwanz während seiner Gleitflüge die Richtung zu wechseln. Dieses Eichhörnchen kann sogar in über 50 m Höhe schweben und dabei mit spiralförmigen Bewegungen aufsteigen.

Mit welcher Technik fängt das Thorshühnchen, ein Vogel der arktischen Küsten mit breitem Schnabel, Plankton?

a) Es dreht sich auf der Wasseroberfläche wie ein Kreisel.
b) Es benutzt Algen als Netz.
c) Es jagt Wale.

Antwort a) ist richtig. Durch schnelles Drehen um sich selbst bewirkt das Thorshühnchen einen aufsteigenden Wirbel, der Plankton an die Oberfläche treibt. So kommt es an die wertvolle Nahrung.

Tierische Geschichten

Was ist eine der Hypothesen für das Aussterben des Hirsches in Irland?

a) Die übermäßige Größe seines Geweihs.
b) Die Entwicklung von Mountainbikes.
c) Das Aussetzen des Wolfes.

Antwort a) ist richtig. Das Geweih des irischen Hirsches erreichte über 3 m Breite. Es wurde im Laufe der Entwicklung so umfangreich und schwer, dass es ein richtiges Hindernis für das Tier darstellte und so starb diese Art aus.

Wovon ernährt sich der Schmetterling hauptsächlich?

a) Von Blütenstaub.
b) Von Nektar.
c) Von Obst.

Antwort b) ist richtig. Wenn er Nektar sammelt, entrollt der Schmetterling seinen Rüssel und saugt den von der Blume abgesonderten Nektar ein. Wenn er weiterfliegt, bleibt unwillkürlich Blütenstaub an ihm hängen, der dazu dient, eine andere Blume der gleichen Art zu befruchten.

Tierische Geschichten

Warum bauen Biber Staudämme?

a) Um Fische abzuhalten.

b) Um das Wachstum der Algen zu fördern.

c) Um ihren Wohnort vor Feinden zu schützen.

Antwort c) ist richtig. Durch den Bau von Staudämmen erhöht sich der Wasserspiegel und der Wohnbereich der Biber wird für eventuelle Feinde unerreichbar.

Welches Material wird von bestimmten Kolibris für den Nestbau verwendet?

a) Schmetterlingsflügel.

b) Spinnenseide.

c) Bienenwachs.

Antwort b) ist richtig. Diese Kolibris nutzen die klebrige Konsistenz der Spinnenseide, um ihr Nest unter einem Blatt oder zwischen zwei Baumästen zu bauen. Sie fügen dann schwere Materialien hinzu, um dem Nest eine endgültige Form zu geben.

Tierische Geschichten

Welches Landsäugetier macht jährlich eine Wanderung von 5.000 km?

c) Das Gnu.
b) Der Wolf.
c) Das Karibu.

Antwort c) ist richtig. Das amerikanische Karibu, das mit dem europäischen Ren verwandt ist, wechselt das ganze Jahr über ständig sein Wohngebiet. Es hält den Wanderungsrekord für ein Landsäugetier.

Welches von diesen Tieren schlägt Eier mit einem Stein auf?

c) Der ägyptische Schmutzgeier.
b) Der verschnürte Marabu.
c) Der Eichelhäher.

Antwort a) ist richtig. Kleine Eier wirft der Schmutzgeier gegen einen Felsen. Wenn es sich aber um Straußeneier handelt, nimmt er den größten Stein, den er heben kann, und lässt ihn mehrmals auf das Ei fallen, bis es zerbricht.

Tierische Geschichten

Was sondern die Haut und die Federn des Pitohuis, eines Vogels aus Neuguinea, ab?

a) Einen knallroten Farbstoff.

b) Einen Giftstoff.

c) Ein Tränengas.

Antwort b) ist richtig. Der Pitohui stellt einen Stoff her, der 100-mal giftiger ist als Strychnin. Vögel haben also, wie auch bestimmte Schlangen und Kröten, ein auf Vergiftung basierendes Abwehrsystem entwickelt.

Welche Tiere wurden beobachtet, als sie aus lauter Spaß auf dem Eis in Alaska rutschten?

a) Enten.

b) Bisons.

c) Kaninchen.

Antwort b) ist richtig. Die Bisons konnten von einer Böschung aus Anlauf nehmen und dann mit ausgestreckten Beinen und erhobenem Schwanz auf dem Eis rutschen.

Tierische Geschichten

Welcher Vogel kann 60 verschiedene Melodien singen?

a) Das Rotkehlchen.
b) Die Meise.
c) Der Star.

Antwort c) ist richtig. Um die Weibchen anzulocken, erfinden die Männchen eindrucksvolle lyrische Melodien und ahmen sogar die Gesänge anderer Vögel nach.

Welcher Vogel klopft mit einem Stück Holz auf einen hohlen Baum, um sein Gebiet abzugrenzen?

a) Die Elster.
b) Die Hohlmeise.
c) Der schwarze Kakadu.

Antwort c) ist richtig. Der schwarze Kakadu lebt in den Wäldern im Norden Australiens. Er kann ein Stück Holz mit seinen Krallen abbrechen und es benutzen, um seine Anwesenheit deutlich zu machen.

Tierische Geschichten

Welche Kuh produziert am meisten Milch?

a) Die Gattung Charolaise.

b) Die Gattung Polonaise.

c) Die holländische Kuh.

Antwort c) ist richtig. Die holländische Gattung gibt heute 4.000 bis 5.000 Liter Milch pro Jahr. Bestimmte Kühe schaffen sogar ca. 90 Liter pro Tag.

Welcher Vogel „näht" sein Nest?

a) Der Schneidervogel.

b) Der Sanderjil.

c) Der Spechtfink.

Antwort a) ist richtig. Für den Nestbau benutzt dieser Vogel in Südostasien ein ganzes Blatt, das er zusammenfaltet. Dann „näht" er die gegenüberliegenden Ränder mit einem Faden aus Pflanzenfasern zusammen.

Tierische Geschichten

Warum kauen bestimmte Schimpansen Blätter, die sie dann in Baumhöhlen stecken?

a) Um Ameisen zu fangen.

b) Um ihr Gebiet abzugrenzen.

c) Um Wasser zu trinken.

Antwort c) ist richtig. Wie richtige Schwämme ermöglichen diese gekauten Blätter es den Schimpansen, auch an schwer zugänglichen Plätzen an angesammeltes Wasser heranzukommen!

Welches Seetier wechselt seine Farbe, um sich unsichtbar zu machen?

a) Die Muräne.

b) Der Tintenfisch.

c) Das Seepferdchen.

Antwort b) ist richtig. Dank seiner farbigen, Chromatophoren genannten Zellen wechselt der Tintenfisch seine Farbe nach Lust und Laune. Wenn das dennoch nicht ausreicht, um dem Angreifer zu entkommen, scheidet er schwarze Tinte aus, die den Feind in Dunkelheit hüllt.

Tierische Geschichten

Warum wurden in den 60er Jahren Füchse in die Tschechoslowakei eingeführt?

a) Um Pelze herzustellen.

b) Sie sollten gegen die Nagetiere ankämpfen.

c) Um medizinische Experimente durchzuführen.

Antwort b) ist richtig. Der Fuchs war ausgerottet worden, weil er die Tollwut verbreitet hatte. Sein Verschwinden hatte jedoch eine solche Plage von Nagetieren zur Folge, dass man schließlich entschied, ihn aus den Nachbarländern wieder einzuführen und ihn unter Schutz zu stellen.

Was zeichnet die Gans mit gestreiftem Kopf aus?

a) Sie kann bis in 8.000 m Höhe fliegen.

b) Sie nimmt bei ihren Unternehmungen ihre Eier mit.

c) Sie landet erst zum Sterben auf dem Boden.

Antwort a) ist richtig. Wenn sie zwischen den Seen von Zentralasien und dem Indus-Tal in Indien hin- und herwandern, fliegen diese Gänse über den Himalaja, der sich in ca. 8.000 m Höhe befindet.

Tierische Geschichten

Woher kommt der Name des Waschbärs?

a) Von seinem Schwanz, den man benutzte, um Gewehrläufe zu putzen.

b) Von seiner Art, sich den Körper abzulecken.

c) Von seiner Gewohnheit, Nahrungsmittel abzuwaschen.

Antwort c) ist richtig. Ob einen frisch gefangenen Fisch oder einen alten Apfel, der Waschbär wird immer sorglich seine Nahrung in Wasser eintauchen und sie abreiben, bevor er sie frisst.

Was machen Elefanten mit ihren sterbenden Artgenossen?

a) Sie begleiten sie zum Elefantenfriedhof.

b) Sie rücken eng zusammen, damit sie nicht umfallen.

c) Sie erdrosseln sie mit ihren Rüsseln.

Antwort b) ist richtig. Dieses Verhalten rettet die Sterbenden zwar nicht vor dem Tod, es zeigt aber eine Art Solidarität unter den Elefanten.

Tierische Geschichten

Was geschieht einer Vampir-Fledermaus, die mit leerem Magen zu ihren Artgenossen zurückkommt?

a) Sie wird aufgefressen.

b) Sie wird aus der Behausung geschmissen.

c) Sie bekommt Blut von den anderen Fledermäusen.

Antwort c) ist richtig. Kommt eine Fledermaus nach vergeblicher Nahrungssuche in die Gruppe zurück, wird die durstige Fledermaus von ihren Freunden gefüttert, indem diese einen Teil des getrunkenen Blutes wieder ausspucken. Ein schönes Solidaritätsbeispiel!

Warum steckt der Strauß seinen Kopf in den Sand?

a) Um Insekten zu finden.

b) Weil er Angst hat.

c) Der Strauß macht so etwas nie.

Antwort c) ist richtig. Im Gegensatz zu der verbreiteten Meinung steckt der Strauß seinen Kopf nie in den Sand, wenn er Angst bekommt. Höchstens duckt er sich am Boden bei Gefahr, wenn er nicht davonläuft.

Tierische Geschichten

Was machen bestimmte Makaken, eine Meerkatzenart in Japan, mit süßen Kartoffeln?

a) Sie erhitzen sie.
b) Sie waschen sie ab.
c) Sie schälen sie.

Antwort b) ist richtig. Früher haben die Makaken ihre Nahrung mit Süßwasser gewaschen. Heute scheinen sie das Meerwasser vorzuziehen, das den Sand abwäscht und einen salzigen Geschmack gibt

Welche Eigenschaft hat das Rattenkänguru, das in Kalifornien lebt?

a) Es sieht nie das Tageslicht.
b) Es schläft nie.
c) Es trinkt nie.

Antwort c) ist richtig. Das Rattenkänguru lebt im Tal des Todes. Es hat sich so gut diesem lebensfeindlichen Milieu angepasst, dass es sein Leben verbringen kann, ohne Wasser zu trinken: Es stellt selbst Flüssigkeit durch Oxydieren des aus seiner Nahrung stammenden Wasserstoffes her.

Tierische Geschichten

Welches Merkmal kennzeichnet den Koala, einen australischen Beutelbär?

a) Er kann 100 Jahre alt werden.

b) Er ernährt sich nur von Eukalyptusblättern.

c) Sein Blut ist dunkelblau.

Antwort b) ist richtig. Die Ernährung des Koalas besteht nur aus Eukalyptusknospen und -blättern, die er mit einem speziellen Verdauungsapparat verdauen kann. Wenn die Eukalyptusbäume aussterben würden, würde der Koala bestimmt nicht überleben.

Welche Eigenschaft zeichnet das Gürteltier mit neun Streifen aus, ein gepanzertes Säugetier aus Amerika?

a) Es gebärt immer Zwillinge.

b) Es schlägt seine Beute mit seinem Schwanz tot.

c) Es züchtet Termiten.

Antwort a) ist richtig. Das Gürteltierweibchen gebärt immer vier oder sechs richtige Zwillinge. Das befruchtete Ei hat eine Entwicklungsruhe von fünf Monaten. Es teilt sich danach in mehrere Zellen, in denen sich identische Geschwister entwickeln.

Tierische Geschichten

Warum stapeln manche australischen Mäuse kleine Steine vor ihrem Loch auf?

a) Um ihr Loch im Angriffsfall zu stopfen.

b) Um die anderen Mäuse darauf hinzuweisen, dass das Loch besetzt ist.

c) Um den Morgentau aufzusammeln.

Antwort c) ist richtig. An dem an den Steinen aufbewahrten Wasser kann die kleine Maus ihren Durst in aller Sicherheit und direkt vor ihrem Loch löschen.

Warum hacken Aras, das sind große Papageie, in den Boden?

a) Um ihren Schnabel zu schleifen.

b) Um ihr Gebiet abzugrenzen.

c) Um Mineralien aufzunehmen.

Antwort c) ist richtig. Porzellanerde ist eines dieser Mineralien. Es neutralisiert das Gift, das sich in den Körnern befindet, die die Aras fressen.

Tierische Geschichten

Welche Besonderheit besitzt der Pandabär?

a) Er hat einen sechsten Finger.
b) Er schläft 20 Stunden am Tag.
c) Er pflanzt sich nur alle 10 Jahre fort.

Antwort a) ist richtig. Dieser zweite Daumen ist eigentlich der Auswuchs eines Handgelenkknochens. Er kann damit den Bambus, der fast seine alleinige Nahrung ausmacht, besser greifen.

Wie erkennen Königspinguine ihre Gefährten unter hundert anderen Artgenossen?

a) An ihrem Gesang.
b) An ihrem Geruch.
c) An ihren eigenartigen Flecken auf dem Schnabel.

Antwort a) ist richtig. Der Gesang dient regelrecht als Ausweispapier bei diesen Pinguinen. Somit kann ein Vogel, wenn er vom „Angeln" zurückkommt, seinen Gefährten unter hundert anderen fast identischen Tieren leicht wiederfinden.

Tierische Geschichten

Wie signalisiert der Mantelpavian seinen Artgenossen, dass er sich beruhigt hat?

a) Er legt sich auf den Bauch.
b) Er hält seine Hände hoch.
c) Er zeigt sein Hinterteil.

Antwort c) ist richtig. Die Mantelpaviane, die hauptsächlich in den Halbwüsten Afrikas leben, haben einen nackten roten Po. Diesen einem anderen Pavian zu zeigen ist ein Signal für Frieden. Als Antwort berührt der Artgenosse ihm hin und wieder die Genitalien.

Welche Farbe können Bienen nicht erkennen?

a) Weiß.
b) Blau.
c) Rot.

Antwort c) ist richtig. Wie viele Insekten kann die Biene die Farbe Rot nicht erkennen. Sie sammelt zwar auch Honig von Blumen dieser Farbe, aber nur deswegen, weil diese Blumen einen starken Geruch sowie für uns unsichtbare ultraviolette Strahlen aussenden.

Tierische Geschichten

Welche Vorteile bringen die Streifen den Zebras?

a) Eine gute Tarnung.

b) Eine leichte Erkennung von Artgenossen.

c) Einen guten Schutz vor den Strahlen der Sonne.

Antwort a) ist richtig. In der Savanne mischt sich das Fell der Zebras mit den Schatten der hohen Gräser. Das Tier kann sich dadurch fast ungesehen von seinen Hauptfeinden fortbewegen.

Wo lebt die einzige Art der Süßwasserrobben?

a) Im Oberen See.

b) Im Michigansee.

c) Im Baikalsee.

Antwort c) ist richtig. Nachdem sie zum Baikalsee gewandert waren, trennte sich eine gewisse Anzahl Robben nach und nach von den restlichen, an der Meeresküste lebenden Robben. Diese Gruppe passte sich ihrem neuen Lebensraum an und bildete mit der Zeit eine neue Art.

Tierische Geschichten

Welches Tier orientiert sich wie die Fledermaus an sehr hohen Tönen?

a) Die Eule.

b) Die Spitzmaus.

c) Das Krokodil.

Antwort b) ist richtig. Bestimmte Spitzmausarten können sich an Schallwellen orientieren: Sie senden Schallwellen aus, die von Hindernissen zurückgeworfen werden. Das erleichtert ihre Fortbewegung.

Welches Tier kann in einem Umkreis von 9 km gehört werden?

a) Der Löwe.

b) Der Babuin.

c) Der Hirsch.

Antwort a) ist richtig. Der König der Tiere, der sich 20 Stunden am Tag ausruht, kann sich allerdings notfalls hören lassen.

Tierische Geschichten

Warum bedient sich der Schlangenbeschwörer einer Flöte?

a) Um die Schlangen zu hypnotisieren.

b) Um den Laut des Schlangenweibchens zu imitieren.

c) Um die Zuschauer zu täuschen. Schlangen sind nämlich taub.

Antwort c) ist richtig. Schlangen sind völlig taub. Sie nehmen allerdings die durch den Boden übertragenen Schwingungen wahr. Es sind vielmehr die Fußtritte des Beschwörers, die die Schlangen aufregen und sie dazu bringen, sich aufzurichten.

Welcher Faktor macht aus einer Bienenlarve eine Königin, anstatt einer Arbeiterin?

a) Die Temperatur.

b) Die Feuchtigkeit.

c) Die Ernährung.

Antwort c) ist richtig. Während die Larve einer zukünftigen Arbeiterin nur drei Tage lang Königinnengelee (Gelee Royal) bekommt, wird die Larve der zukünftigen Königin damit während ihrer ganzen Entwicklung ernährt.

Tierische Geschichten

Welcher Fisch sucht Schutz zwischen den nesselnden Tentakeln der Seeanemone?

a) Der Piratenfisch.
b) Der Pilotfisch.
c) Der Clownsfisch.

Antwort c) ist richtig. Der Clownsfisch ist der einzige Fisch, der Unterschlupf zwischen den stark nesselnden Tentakeln der Seeanemone findet, ohne sich dabei zu vergiften. Vielleicht spielt er ihr eine gute Clownsnummer vor?

Womit gräbt die Blindmaus ihr Loch?

a) Mit den Zähnen.
b) Mit den Hinterpfoten.
c) Die Blindmaus gräbt nie ein Loch.

Antwort a) ist richtig. Um zu vermeiden, auf ihrem Weg einem Artgenossen zu begegnen, hämmert die in den klein-asiatischen Steppen lebende Blindmaus mit dem Kopf gegen das Dach ihres Baus. Ihre extrem empfindlichen Schnurrbarthaare „hören" die Antwort einer anderen Maus und erlauben den zwei Tieren, die Richtung zu wechseln, um sich zu meiden.

Tierische Geschichten

Womit werden in manchen Ländern Schildkröten geangelt?

a) Mit einer Plastiktüte.

b) Mit einem Pelikan.

c) Mit einem Saugfisch.

Antwort c) ist richtig. Der mit dem Schwanz an die Angelschnur gebundene Saugnapffisch (oder Kopfsauger) saugt sich nach seiner Gewohnheit am Panzer der Schildkröten fest. Der Angler braucht nur noch die Schnur aus dem Wasser zu ziehen und die Beute abzunehmen.

Warum spielt der fliegende Fisch den Flieger?

a) Um sein Weibchen zu verführen.

b) Um Insekten zu fangen.

c) Um seinen Hauptfeinden zu entkommen.

Antwort c) ist richtig. Nachdem der fliegende Fisch einmal kräftig mit dem Schwanz geschlagen hat, springt er aus dem Wasser und entfaltet seine Flossen. Auf diese Art kann er 200 m weit schweben, um seinen Feinden zu entkommen, wie dem Tunfisch oder dem Delfin.

Tierische Geschichten

Wie reagierte ein Papagei, als er neugeborene Katzen entdeckte?

a) Er „bebrütete" sie.
b) Er brachte ihnen das Fliegen bei.
c) Er ertränkte sie.

Antwort a) ist richtig. Schade, dass der Papagei ihnen nicht das Reden beibrachte: Vielleicht würden wir dann mehr über die Gefühle der Tiere erfahren.

Was kennzeichnet den Fiederbartwels, ein Fisch mit schwarzem Bauch?

a) Er ist mit Haaren bedeckt.
b) Er lebt in 6.000 m Tiefe.
c) Er schwimmt auf dem Rücken.

Antwort c) ist richtig. Während der Tintenfisch und der Nautilus sich rückwärts bewegen, zieht es der Fiederbartwels vor, auf dem Rücken zu schwimmen.

Tierische Geschichten

Woher stammt der Name der „Jesus Christus"-Eidechse?

a) Von ihrer Fähigkeit, auf dem Wasser zu laufen.

b) Von ihren durchlöcherten Füßchen.

c) Von ihrem stacheligen Kopf.

Antwort a) ist richtig. Die „Jesus Christus"-Eidechse, auch Basilisk genannt, kann bis zu 400 m auf dem Wasserspiegel mit einer Geschwindigkeit von 12 km/Std. laufen. Sie bewegt ihre Hinterpfoten so schnell, dass diese das Wasser schlagen, ohne dabei abzusinken! Ein echtes Wunder!

Welches Tier kann 2 Stunden lang unter Wasser bleiben, ohne zu atmen?

a) Das Nilpferd.

b) Der Delfin.

c) Das Krokodil.

Antwort c) ist richtig. Der Blutfarbstoff des Krokodils hat die Eigenschaft, mehr Sauerstoff als bei den meisten anderen Tiere freisetzen zu können. Er wird heute für die Herstellung von künstlichem Blut analysiert.

Tierische Geschichten

Warum nennt die örtliche Bevölkerung in Afrika manche Fische „Regenfische"?

a) Weil sie durchsichtig sind.
b) Weil sie die Form eines Regentropfens haben.
c) Weil sie erst mit dem Regen aus den Eiern schlüpfen.

Antwort c) ist richtig. Diese Fische leben in kleinen, schnell verdunstenden Tümpeln und legen Eier, die 4 bis 6 Monate der Hitze widerstehen. Da die Fische immer mit den ersten Regenfällen ausschlüpfen, dachten die Menschen, sie fallen mit dem Regen vom Himmel.

Welche Besonderheit besitzen bestimmte winzige, in klimatisch extremen Bedingungen lebende Milben?

a) Sie ernähren sich nur von Wasser.
b) Sie werden eingesetzt, um die Nahrungsmittel der Astronauten zu kühlen.
c) Sie können mehrere Jahrhunderte alt werden.

Antwort c) ist richtig. Diese Milbenart kann vollkommen austrocknen, in einen Tiefschlaf versinken und ein paar Jahrhunderte später wieder total fit aufwachen!

Tierische Geschichten

Welches Reptil kann seine Augäpfel unabhängig voneinander bewegen?

a) Die Kobra.

b) Das Chamäleon.

c) Die Meeresschildkröte.

Antwort b) ist richtig. Diese Eigenschaft erlaubt dem Chamäleon, um sich herumzugucken, ohne sich zu bewegen. Seine Augen sichern darüber hinaus eine präzise, für seine Jagdtechnik unentbehrliche Einschätzung von Distanzen.

Wie strahlt die Quappe, ein Seefisch, Licht aus?

a) Durch Algen.

b) Durch Bakterien.

c) Durch Pilze.

Antwort b) ist richtig. Die Quappe verfügt über ein aus ihrem Mund herausragendes Organ, das Licht ausstrahlt und so die Beute anlockt. Das Licht wird am äußersten Ende dieses Organs durch Bakterien erzeugt, die sich vom Blut der Quappe ernähren.

Tierische Geschichten

Welches Tier stört den Schlaf der Bewohner von Schleppkähnen in San Francisco?

a) Ein Fisch.
b) Ein Insekt.
c) Ein Vogel.

Antwort a) ist richtig. Der Krötenfisch hat die Besonderheit, dass seine Schwimmblase beim Schwingen Töne erzeugt. Diese Laute werden durch die leeren Rümpfe der Schleppkähne erheblich verstärkt, so sehr, dass ihre Bewohner nachts nicht mehr schlafen können. Ein richtiger Alptraum!

Welcher Fisch muss schwimmen, auch wenn er schläft?

a) Der Haifisch.
b) Der Stör.
c) Der Lachs.

Antwort a) ist richtig. Der Haifisch muss ständig schwimmen, denn er besitzt keine Schwimmblase, mit der sich derart ausgestattete Fischarten treiben lassen können. Er verfügt allerdings über ein Fettgewebe von sehr niedriger Dichte. Dieses befindet sich in seiner Leber und fungiert als Schwimmhilfe.

Tierische Geschichten

Welche besondere Eigenschaft hat das Schnabeltier, ein australisches Säugetier?

a) Es ist blind.

b) Es legt Eier.

c) Es frisst nur Blumen.

Antwort b) ist richtig. Das Schnabeltier ist ein sehr altes und eigentümliches Tier. Es besitzt nicht nur einen Schnabel, sondern es legt auch Eier! Das Weibchen hat keine Brustwarzen, stillt jedoch seine Jungen mit Milch, die durch ihren Bauch durchsickert.

Was bewirkt beim Hasen die Verabreichung von Papain, einer aus der Papaya gewonnenen Substanz?

a) Die Senkung seiner Körpertemperatur.

b) Haarausfall.

c) Die Erschlaffung seiner Ohren.

Antwort c) ist richtig. Papain hat die Eigenschaft, Knorpel zu erweichen, was bei dem Hasen das Herunterklappen der Gehörorgane bewirkt. Diese können sich nicht mehr aufrichten und hängen kläglich herunter, so schlimm, dass der Hase seinen Ohren nicht mehr traut!

Tierische Geschichten

Warum findet man nur ganz wenige Fische in den Flüssen, die durch Tannenwälder fließen?

a) Wegen des Mangels an Sonne.

b) Wegen des Nahrungsmangels.

c) Wegen der Bodenverschmutzung.

Antwort c) ist richtig. Die von den toten Tannennadeln gebildete Schicht verfault und produziert giftige Stoffe. Diese gelangen in die Flüsse und vergiften die Fische, die dadurch immer seltener werden.

Welches Tier wechselt seine Farbe in der Sonne?

a) Der Frosch.

b) Der Salamander.

c) Die Gottesanbeterin.

Antwort a) ist richtig. Wenn sich ein Teil ihres Körpers in der Sonne befindet und der andere Teil im Schatten, zeigen Frösche zwei unterschiedliche Farben. Dieses Phänomen beruht auf dem Melanin ihrer Haut, welches auf die ultra-violetten Strahlen reagiert.

Tierische Geschichten

Wie durchquert das neunbändige Gürteltier einen Wasserlauf?

a) Es baggert einen Tunnel aus.

b) Es füllt seinen Bauch mit Luft.

c) Es nagt einen Baum durch und lässt ihn quer über den Wasserlauf fallen.

Antwort b) ist richtig. Um einen Wasserlauf zu überqueren, füllt dieses Gürteltier seinen Magen und seine Gedärme mit Luft. So kann es auf dem Wasser treiben und leichter schwimmen.

Welcher Faktor bestimmt das Geschlecht der Schildkröten?

a) Die Feuchtigkeit.

b) Die Temperatur.

c) Die Mondstellung.

Antwort b) ist richtig. Aus in sehr sonnigen und sandigen Gegenden vergrabenen Schildkröteneiern schlüpfen weibliche Schildkröten, während aus im Schatten vergrabenen Eiern Männchen kommen.

Tierische Geschichten

Welches Werkzeug benutzt der Darwinfink der Galapagosinseln, um Insektenlarven zu finden?

a) Einen Stein, den er aus großer Höhe fallen lässt.
b) Kleine Zweige.
c) Seine Federn.

Antwort b) ist richtig. Der Darwinfink ergreift einen kleinen Zweig oder einen Kaktusdorn mit seinem Schnabel und stößt ihn in eine Baumrinde, um deren Bewohner aufzustöbern.

Was ist an bestimmten Eidechsen in Texas besonders?

a) Sie „spucken" Blut mit ihren Augen.
b) Sie überfallen in Horden kleine Nagetiere.
c) Sie wechseln ihre Farbe je nach der Temperatur.

Antwort a) ist richtig. Diese Eidechsen können bis zu einem Meter weit Blut „spucken". Das Ziel besteht darin, den Angreifer einzuschüchtern, denn ihr Blut ist gar nicht giftig.

Tierische Geschichten

Auf welchem Kontinent sind in den letzen 50 Jahren 80 % der Fauna, der Tierwelt, verschwunden?

a) In Afrika.

b) In Amerika.

c) In Asien.

Antwort a) ist richtig. Das Massaker an der vielfältigen afrikanischen Fauna begann Ende des 19. Jahrhunderts mit den europäischen Ansiedlern. Es verschlimmerte sich nach dem zweiten Weltkrieg extrem aufgrund der massiven Einführung von Feuerwaffen.

Welche Farbe macht Stichlinge aggressiv?

a) Gelb.

b) Weiß.

c) Rot.

Antwort c) ist richtig. Alles, was rot ist, löst die Wut der Stichlinge aus. Es wurde bei diesen Fischen sogar aggressives Verhalten beobachtet, als ein roter Bus vor ihrem Aquarium vorbeifuhr!

Tierische Geschichten

Wie erkennen sich zwei Grillen der gleichen Gattung bei ihrem Gesang?

a) Durch den Rhythmus.
b) Durch die Melodie.
c) Durch die Lautstärke.

Antwort a) ist richtig. Die Grille hat den Rhythmus im Blut. Es ist sogar möglich, diese Insekten durch einen Telefonapparat kommunizieren zu lassen.

Was charakterisiert den Hoatzin, einen großen südamerikanischen Vogel, der auch „Stinkvogel" genannt wird?

a) Er ernährt sich von Blättern.
b) Er nistet in Termitenhaufen.
c) Er fliegt auf dem Rücken.

Antwort a) ist richtig. Der Hoatzin verdaut Blätter mit den Bakterien, die sich in seiner Speiseröhre und seinem breiten Kropf befinden. Da diese Blätter fast zwei Tage lang in seinem Magen bleiben, setzen sie einen Jauchegeruch frei. Deswegen wird dieser Vogel auch „Stinkvogel" genannt.

Tierische Geschichten

Was ist an dem männlichen Narwal, einem in der Arktis lebenden Säugetier, so besonders?

a) Er fällt als einziges Tier Haie an.

b) Er frisst nur Möwen.

c) Sein linker Zahn ist 1 Meter lang.

Antwort c) ist richtig. Der Auswuchs des linken Zahns beim Narwal bildet einen langen spiralförmigen Stoßzahn, dessen Zweck, falls es einen gibt, noch nicht geklärt wurde.

Welche Eigenschaft besitzt der Kurzschnabeligel, ein Säugetier, das in Australien und Neu-Guinea lebt?

a) Er läuft rückwärts.

b) Er legt Eier.

c) Er hat nur einen Zahn.

Antwort b) ist richtig. Der Kurzschnabeligel und sein Verwandter, das Schnabeltier, sind die einzigen Säugetiere, die Eier legen und keine Brustwarzen haben. Die Eier fallen in einen Beutel, in dem die Jungen aus den Eiern schlüpfen. Um sich zu ernähren, saugen diese die Haare der Mutter aus, aus denen Milch sickert.

Tierische Geschichten

Was ist am Eisenbahnwurm besonders?

a) Er stößt einen Lokomotivpfeifton aus.

b) Er strahlt grünes und rotes Licht aus.

c) Er frisst Schienen.

Antwort b) ist richtig. Das grüne Licht wird auf den „Flanken" produziert, und der Kopf des Wurms strahlt rotes Licht aus. Ein richtiger Bahnhofsvorsteher!

Welchem Tier wird der manchen Parfums beigemischte Moschus entnommen?

a) Einem Hirsch.

b) Einem Bison.

c) Einer Fledermaus.

Antwort a) ist richtig. Moschus wird dem in den Bergen der Mongolei und Koreas lebenden männlichen Hirsch entnommen.

Tierische Geschichten

Was benutzen bestimmte Seeotterarten, um die Muschel zu öffnen, von der sie sich ernähren?

    a) Steine.
    b) Krebse.
    c) Sand.

Antwort a) ist richtig. Diese Art der Seeotter holt einen Stein vom Gewässergrund an die Oberfläche, legt ihn auf ihren Brustkorb und schlägt die Muschel gegen den Stein, um sie zu zerbrechen.

Wie „atmen" Frösche?

    a) Durch ein zwischen den Augen befindliches Loch.
    b) Durch die Haut.
    c) Durch die Nasenlöcher.

Antwort b) ist richtig. Wie bei allen Amphibien wird die Haut der Frösche stark durchblutet und dort findet (neben der Lunge) ein Teil der Atmung des Tieres statt.

Tierische Geschichten

Welches Tier kann auf dem gefrorenen Boden der sibirischen Tundra bei einer Temperatur von bis zu -35 °C überwintern?

a) Der Steinmarder.

b) Der Bär.

c) Der Salamander.

Antwort c) ist richtig. Die extremen klimatischen Bedingungen, die in diesen Breitengraden herrschen, scheinen den sibirischen Salamander während seines Winterschlafs nicht weiter zu stören ...

Warum spucken Kröten und Frösche ihren Magen aus, wenn sie sich übergeben?

a) Um zu lachen.

b) Um die Magenwände zu säubern.

c) Um Fliegen anzulocken.

Antwort b) ist richtig. Durch dieses Verhalten können Amphibien mit ihren Beinen die unverdaubaren oder giftigen Stoffe entfernen, die an den Wänden ihres Magens hängen bleiben.

Tierische Geschichten

Als was ist die Amsel auch bekannt?

a) Als Singdrossel.

b) Als Schwarzdrossel.

c) Als Schnapsdrossel.

Antwort b) ist richtig. Früher waren die Amseln, auch Schwarzdrosseln genannt, reine Waldbewohner. Erst in den letzten 150 Jahren sind sie auch in Städten anzutreffen.

Was passiert dem Wombat, einem australischen Beuteltier, wenn er Angst bekommt?

a) Er bekommt Schluckauf.

b) Er uriniert.

c) Er furzt ein sehr dunkles Gas.

Antwort a) ist richtig. Diese seltsame Reaktion wird sehr selten im Tierreich beobachtet und ist bis heute noch ungeklärt. Es ist vermutlich einfach eine nervöse Reaktion auf Angst.

Tierische Geschichten

Mit wem teilt die Grundel, ein kleiner Fisch, ihre Behausung?

a) Mit einer blinden Garnele.

b) Mit einem tauben Krebs.

c) Mit einer Riesenauster.

Antwort a) ist richtig. Die blinde Garnele gräbt ein Loch, in dem die Grundel, die keinen Unterschlupf gefunden hat, sich ebenfalls niederlässt. Als Gegenleistung führt die Grundel die Garnele bei der Nahrungssuche.

Welche Besonderheit hat der südamerikanische Goldbaumsteigerfrosch?

a) Er kann bis zu 3 m hoch springen.

b) Er ist sehr giftig.

c) Er kann nicht schwimmen.

Antwort b) ist richtig. Dieser kleine schwarz- und goldfarbige Frosch produziert ein Gift, Batrachotoxin genannt, um sich zu verteidigen. Nur ein Gramm dieser Substanz reicht, um 100.000 Menschen zu töten.

Tierische Geschichten

Was ist am Neunauge, einem Süß- und Meerwasserfisch, besonders?

a) Er erzeugt Strom.

b) Er besitzt keine Kiefer.

c) Er kann 48 Stunden außerhalb des Wassers überleben.

Antwort b) ist richtig. Das Neunauge ist ein Urfisch, der sich mit seinen hornartigen Zähnen an die Haut anderer Fische anhängen kann.

Was sind Dipnoi?

a) Vögel, die sich mit Luft aufblasen, bevor sie fliegen.

b) Blattlose Bäume.

b) Amphibienfische.

Antwort c) ist richtig. Der Dipnoi, auch Lungenfisch genannt, ist ein uralter Fisch, der gleichzeitig über Kiemen und Lungen verfügt.

Tierische Geschichten

Was ist ein Gavial?

a) Eine Krokodilart.
b) Eine Wasserschlange.
c) Ein pfeifender Vogel.

Antwort a) ist richtig. Das Gavial lebt in den südasiatischen Flüssen. Dieses Krokodil unterscheidet sich von anderen Arten durch sein langes und feines Maul sowie durch seine Größe. Es wird bis zu 10 m lang.

Welches Insekt züchten manche Ameisenarten?

a) Die Küchenschabe.
b) Die Filzlaus.
c) Die Blattlaus.

Antwort c) ist richtig. Ameisen züchten Blattläuse, um die von diesen Insekten produzierte süße und nahrhafte Flüssigkeit, Honigtau genannt, zu entnehmen.

Tierische Geschichten

Welche Besonderheit kennzeichnet den Grottenolm, ein Schwanzlurch, der in Höhlen lebt?

a) Seine Haut enthält keine Pigmente.

b) Er hat vier Lungen.

c) Er legt seine Eier auf Stalaktiten.

Antwort a) ist richtig. Der Grottenolm wurde im 17. Jahrhundert in Südeuropa entdeckt. Möglicherweise fiel er vor mehreren tausend Jahren in ein Loch und verlor unter diesen neuen Lebensbedingungen die Sehkraft und die Farbe seiner Haut.

Welches dieser Tiere verfügt über mehrere Zahnreihen?

a) Das Krokodil.

b) Der schwarze Panther.

c) Der weiße Hai.

Antwort c) ist richtig. Die Haifischzähne bilden sich im inneren Teil des Kiefers. Sie stehen reihenweise und wachsen wieder nach, sobald sie ausfallen.

Tierische Geschichten

Woran orientiert sich das Rotkehlchen während seiner Wanderung?

a) An der Sonne.
b) Am Polarstern.
c) An den wilden Gänsen.

Antwort b) ist richtig. Das Rotkehlchen ist ein Nachtzugvogel, der sich auf seinen Zügen vor allem am Polarstern orientiert.

Welches Tier verfügt über winzige Kristalle im Gehirn, die sich nach den magnetischen Erdfeldern orientieren?

a) Die Taube.
b) Der Karpfen.
c) Der Elefant.

Antwort a) ist richtig. Diese Magneteisensteinkristalle verhalten sich wie Magnetnadeln. Damit kann sich die Taube während ihrer Flüge orientieren. Darüber hinaus scheinen diese Vögel auch ihren Geruchssinn zu gebrauchen, um ihren Weg zu finden.

Tierische Geschichten

Welche Echsen können schreien?

a) Die Chamäleons.

b) Die Geckos.

c) Die Leguane.

Antwort b) ist richtig. Alle Eidechsen verfügen über Gehörorgane. Es haben allerdings nur die Geckos einen mit Stimmbändern ausgestatteten Kehlkopf, mit Hilfe dessen sie tatsächlich schreien können.

Was passiert dem Faultier, einem Säugetier des Amazonas, während der Regenzeit?

a) Seine Haut wird wasserdicht.

b) Der Nagel seines rechten Daumens verdoppelt sich.

c) Algen wachsen auf seinem Rücken.

Antwort c) ist richtig. Das Faultier bewegt sich so wenig, dass Algen auf seinem Rücken wachsen. Diese ziehen sogar Raupen an, die sich von ihnen ernähren, bevor sie ihre Verwandlung im Fell des Tieres beenden.

Tierische Geschichten

Was sind Lorenzini-Blasen?

a) Die ersten ökologischen Ampullen.

b) Winzige Sensoren auf dem Kopf der Haifische.

c) Kleine rote Sterne.

Antwort b) ist richtig. Diese Blasen nehmen elektrische Felder wahr. Der Hai nutzt diesen „sechsten Sinn", um seine Beute zu orten.

Was tun die Attaameisen in Brasilien, um sich vor Überschwemmungen zu schützen?

a) Sie bauen Deiche.

b) Sie pflanzen Moos an.

c) Sie lernen, unter Wasser zu schwimmen.

Antwort a) ist richtig. Die Ameisen bauen kleine Dämme aus Erde um ihren Haufen herum und verhindern so, dass Wasser in ihren Bau fließt.

Tierische Geschichten

Was ist an einem Blutegel besonders?

a) Er kann 2 Jahre ohne Nahrung überleben.

b) Er atmet durch die Augen.

c) Er kann einen Knoten in sich machen.

Antwort a) ist richtig. Wenn er Gelegenheit findet, sich zu ernähren, kann der Blutegel sein Volumen bis auf ein 10-faches vergrößern.

Was tun die Bienen, wenn die Stocktemperatur im Bienenstock zu hoch ist?

a) Sie blasen Luft.

b) Sie holen Wasser.

c) Sie bauen Kamine.

Antwort b) ist richtig. Das von den honigsammelnden Bienen zum Bienenstock gebrachte Wasser wird von anderen Bienen verspritzt. Durch diese Technik kann der Stock bei einer Temperatur von 36° Celsius bleiben.

Tierische Geschichten

Womit putzt sich der grüne Gecko, eine kleine Echse, die in Bäumen lebt, die Augen?

a) Mit seinem Schwanz.

b) Mit seinen Hinterbeinen.

c) Mit seiner Zunge.

Antwort c) ist richtig. Da der Gecko keine Augenlider besitzt, muss er die Zunge rausstrecken, um klarer zu sehen!

Wie weit kann eine Biene fliegen, um Honig zu holen?

a) 500 m.

b) 1 km.

c) 10 km.

Antwort c) ist richtig. Wenn man diese Distanz auf die menschliche Skala überträgt, stellt sie 300 km dar. Um sich zu orientieren, richtet sich die Biene vor allem nach der Sonne und den magnetischen Feldern.

Tierische Geschichten

Welches Tier kann 700 verschiedene Düfte unterscheiden?

a) Die Fledermaus.

b) Der Kolibri.

c) Die Biene.

Antwort c) ist richtig. Kein anderes bekanntes Tier kann so viele Gerüche unterscheiden.

In welchem Land leben die meisten vom Aussterben bedrohten Vögel?

a) In den Vereinigten Staaten.

b) In Brasilien.

c) Auf den Philippinen.

Antwort b) ist richtig. Brasilien hält diesen traurigen Rekord mit 47 Arten, gefolgt von den Philippinen mit 45 Arten. Die größte Bedrohung für diese Vögel ist die Zerstörung ihrer natürlichen Wohnorte.

Tierische Geschichten

Warum heißt die Garnele von den Karibischen Inseln „Pistolen-Garnele"?

a) Wegen ihrer kanonenförmigen Stirn.

b) Wegen ihrer Art, mit ruckartigen Sprüngen zurückzuweichen.

c) Wegen des Lärms, den sie mit ihren Scheren produziert.

Antwort c) ist richtig. Diese in Schwärmen lebenden Garnelen lassen ihre großen Scheren knallen, um ihre Feinde einzuschüchtern.

Welche Tierart hat, seit sie existiert, schon mehrmals die Erde der Erdoberfläche verdaut?

a) Der Maulwurf.

b) Die Made.

c) Der Regenwurm.

Antwort c) ist richtig. Manche Regenwürmer verdauen das 10- bis 36-fache ihrer eigenen Masse an Erde pro Tag. Die Würmer Ihres Gartens sichern Ihnen somit die wirksamste Feldbestellung, eine ausgezeichnete Dränage und sehr gute Durchlüftung des Bodens.

Tierische Geschichten

Warum fliegen Gänse in Form eines V?

a) Um ihren Feinden Angst zu machen.

b) Um weniger zu ermüden.

c) Aus Rangordnungsgründen.

Antwort b) ist richtig. Mit dieser Technik schneidet jede Gans den Wind für die folgende, die in ihrem Windschatten fliegt. Wenn die vordere Gans müde wird, nimmt eine andere ihren Platz ein.

Welche Besonderheit kennzeichnet die erwachsene Eintagsfliege, ein Insekt unserer Regionen?

a) Sie kann in einer Höhe von bis zu 2.000 m fliegen.

b) Sie legt ihre Eier ausschließlich in Klatschmohnblüten.

c) Sie hat keinen Mund.

Antwort c) ist richtig. Nach ihrer Verwandlung kann sich die Eintagsfliege nicht mehr ernähren. Sie lebt nur 24 Stunden, was ihr knapp die Zeit lässt, einen Partner zu finden, um sich fortzupflanzen.

Tierische Geschichten

Was kündigt einem Ozeantaucher die Nähe eines Schwarms von Büffelkopf-Papageifischen an?

a) Er vernimmt Laute, die an das Klirren und Splittern von Geschirr erinnern.

b) Er wird von Druckwellen des Wassers hin- und hergeschüttelt.

c) Er spürt eine Erwärmung des Wassers.

Antwort a) ist richtig. Die Papageifische sind etwa einen Meter lang und fast 90 kg schwer. Sie grasen an Korallenriffs wie Büffel auf einer Weide, wobei das Geräusch von splitterndem Glas entsteht. Von den in den Korallen enthaltenen Algen ernähren sie sich.

Welche Eigenschaft hat die Manx, eine Katzenart der Isle-of-Man, die vor der Küste von England liegt?

a) Sie hat nur 4 Zehen pro Pfote.

b) Sie hat keinen Schwanz.

c) Sie betreibt ihre Jagd unter Wasser.

Antwort b) ist richtig. Die Legende besagt, sie wäre als Letzte in die Arche Noah gestiegen und die Tür hätte ihren Schwanz abgezwickt.

Tierische Geschichten

Was tut die Riesenschildkröte der Galapagosinseln, um dem Fink zu zeigen, dass er ihr den Rücken säubern darf?

a) Sie steht auf und streckt ihren Nacken.

b) Sie hebt das linke Hinterbein.

c) Sie legt sich auf den Rücken.

Antwort a) ist richtig. Wenn diese Schildkröte aufsteht und den Nacken streckt, gewährt sie dem Darwinfink Zugang zu allen Teilen ihres Körpers, und er befreit sie von ihren zahlreichen Parasiten.

Wo lebt der Muschelwächterkrebs?

a) Auf der Schale einer Muschel.

b) In einer Muschel.

c) In einer Seeanemone, die sich neben einem Muschelbund befindet.

Antwort b) ist richtig. Dieser Krebs benutzt die Muschel nicht nur als Behausung, sondern er nimmt zudem Nährstoffe zu sich, die sie mittels der von ihr produzierten Wasserströme einsaugt.

Tierische Geschichten

Welches Tier macht ungefähr 80 % des gesamten Gewichts von allen irdischen Tieren aus?

a) Der Wurm.

b) Die Ameise.

c) Die Termite.

Antwort a) ist richtig. Es gibt verschiedene Arten von Würmern, von denen eine bestimmte Gattung bis zu 7 m lang sein kann. Andere, wie die Regenwürmer, können 25 Tonnen Pflanzenmaterial auf einem Hektar innerhalb eines Tages in die Tiefe ziehen.

Was wechseln Spinnen mehrmals in ihrem Leben?

a) Den Liebespartner.

b) Den Panzer.

c) Die Spinntechnik ihrer Netze.

Antwort b) ist richtig. In ihrem Leben wechseln Spinnen mehrmals ihren Panzer unter der Einwirkung von Hormonen.

Tierische Geschichten

Welches Insekt wissen besonders die Chinesen als kulinarischen Genuss zu schätzen?

a) Die Schabe.
b) Die Termite.
c) Den Schmetterling.

Antwort a) ist richtig. Die Thailänder dagegen essen lieber Heuschrecken. Geschmäcker sind eben verschieden ...

Warum „tanzen" Bienen?

a) Um Nahrungsquellen anzuzeigen.
b) Um den Bienenstock zu heizen.
c) Um zu signalisieren, dass sie fruchtbar sind.

Antwort a) ist richtig. Die getanzte Bienensprache ist die komplexeste bekannte Kommunikationsform nach der gesprochenen Menschensprache.

Tierische Geschichten

Welche Fähigkeit des Menschen kann keinem Affen beigebracht werden?

a) Der Gebrauch von Werkzeugen.

b) Das Sprechen.

c) Die Reinigung der Lebensmittel vor dem Verzehr.

Antwort b) ist richtig. Die Sprechorgane der Menschenaffen sind nicht für die Erzeugung von Sprechtönen geschaffen. Der Kehlkopf liegt nämlich zu tief, um die Lautbildung zu ermöglichen.

Mit welchem Sinn können sich Ameisen des gleichen Ameisenstaates erkennen?

a) Mit dem Gehörsinn.

b) Mit dem Geruchssinn.

c) Mit dem Sehvermögen.

Antwort b) ist richtig. Ameisen „betasten" sich, aber vor allem „beriechen" sie sich mit ihren Antennen. Jede Kolonie besitzt einen spezifischen Geruch.

Tierische Geschichten

Wie heißt die von den Blattläusen produzierte Flüssigkeit, die von Ameisen konsumiert wird?

a) Der Honigtau.
b) Die Honigmilch.
c) Der Milchtau.

Antwort a) ist richtig. Der Honigtau wird von den Blattläusen ausgeschieden, wenn sie von den Ameisenantennen gestreichelt werden. Als Gegenleistung gewähren ihnen die Ameisen Unterkunft und Tisch. Eine Art raffinierte Sklaverei ...

Wenn man ein Pantoffeltierchen, ein einzelliges Tier, 5 Wochen lang unter idealen Bedingungen züchten würde, welchen Maßen würde es entsprechen?

a) Den Maßen eines Autos.
b) Den Maßen des Eiffelturms.
c) Den Maßen der Sonne.

Antwort c) ist richtig. Zum Glück für uns trifft das Pantoffeltierchen sehr schnell auf Hindernisse in seiner Entwicklung, wie z.B. auf Nahrungsmangel.

Tierische Geschichten

Durch was wird die rosa Farbe der Flamingos hervorgerufen?

a) Durch die Intensität der Sonneneinstrahlung.

b) Durch ihren säurehaltigen Speichel, mit dem sie ihr Gefieder putzen.

c) Durch ihre Nahrung.

Antwort c) ist richtig. Das in winzigen Algen und kleinen Krebsen vorhandene Betakarotin verleiht dem Flamingogefieder seine rosige Farbe. In manchen Zoos, in denen man sie nicht artgerecht ernährt, werden sie völlig farblos.

Wie alt können Ameisenköniginnen werden?

a) 2 Jahre alt.

b) 15 Jahre alt.

c) 25 Jahre alt.

Antwort c) ist richtig. Die Arbeiterinnen werden meistens nicht älter als 5 Jahre. Dies ist aber noch mehr als ihre Bienenkolleginnen, die selten über 4 Wochen alt werden.

Tierische Geschichten

Was ist an einem Blutegel besonders?

a) Er kann 2 Jahre ohne Nahrung überleben.

b) Er atmet durch die Augen.

c) Seine Haut wird zur Behandlung von Aids eingesetzt.

Antwort a) ist richtig. Wenn er Gelegenheit findet, sich zu ernähren, kann der Blutegel sein Volumen bis auf ein zehnfaches vergrößern.

Welches Geschlecht bei den Mücken sticht, um sich von Blut zu ernähren?

a) Das Männchen.

b) Das Weibchen.

c) Beide.

Antwort b) ist richtig. Die Männchen interessieren sich für die Weibchen erst dann, wenn diese vorher Blut geschluckt haben. Wenn die Weibchen also befruchtet werden wollen, müssen sie schnell ein warmblütiges Tier finden!

Tierische Geschichten

Wozu benutzt der Seehund, eine Robbenart, seine Hinterbeine?

a) Zum Laufen.

b) Um Angreifer abzuwehren.

c) Als Ruder.

Antwort c) ist richtig. Die Hinterbeine sind nach hinten ausgestreckt und dienen als Antriebsruder beim Schwimmen und Tauchen. Der Seehund kann bis zu 100 m tief tauchen und dabei bis 20 Minuten unter Wasser bleiben.

Warum stellen Austern Perlen her?

a) Um kleine Krebse anzulocken.

b) Um Nahrung darin aufzubewahren.

c) Um sich gegen einen Fremdkörper zu verteidigen.

Antwort c) ist richtig. Wenn ein Sandkorn in eine Auster eindringt, bildet diese Perlmutterschichten um das Korn herum, um die Reibung zu vermindern.

Tierische Geschichten

Was ist ein Schwamm?

a) Ein Tier.

b) Eine Alge.

c) Ein Pilz.

Antwort a) ist richtig. Der Schwamm ist ein Meerestier mit einem weichen und porösen Skelett. Um sich zu ernähren, filtert er das Meerwasser. Früher wurden Schwämme wegen ihrer Saugfähigkeit benutzt, heute werden sie meist durch synthetische Schwämme ersetzt.

Was ist die Haupttodesursache bei der Biene?

a) Schädlingsbekämpfungsmittel.

b) Flugunfälle.

c) Erschöpfung.

Antwort c) ist richtig. Wenn eine Biene ca. zehn Tage lang intensiv Honig sammelt, währenddessen sie 800 km weit fliegen kann, stirbt sie anschließend meistens an Erschöpfung.

Tierische Geschichten

Warum liegt ein Krokodil oft mit offenem Maul in der Sonne?

a) Um seine Beute besser riechen zu können.

b) Um seine Artgenossen zu beeindrucken.

c) Um die Tiere, die in seinem Mund festhängen, auszutrocknen.

Antwort c) ist richtig. Oft hängen Blutegel an der Zunge des Krokodils. Die besten Mittel, um sie loszuwerden sind der Regenpfeifer — ein kleiner Vogel — oder die Sonne.

Was passiert, wenn zwei Boas dieselbe Beute von zwei verschiedenen Seiten her verschlingen wollen?

a) Die größere Boa verschlingt die kleinere.

b) Beide Boas sterben.

c) Die beiden Schlangen teilen sich die Mahlzeit.

Antwort a) ist richtig. Erstaunlicherweise ist eine Boa nicht in der Lage, eine einmal gepackte Beute wieder loszulassen. Zwangsläufig landet alles, was an der Beute dranhängt, mit im Magen des größeren Reptils.

Tierische Geschichten

Was befindet sich an der Schale der Jakobsmuschel?

a) 32 blaue Augen.
b) 24 Tentakel.
c) 18 grüne Filter.

Antwort a) ist richtig. Die 32 blauen Augen der Jakobsmuschel informieren sie über alles, was um sie herum vorgeht. Man hat übrigens herausgefunden, dass deren Grundstruktur sehr derjenigen des menschlichen Auges ähnelt.

Wie lassen sich Rehbock und Reh durch einen Blick auf ihr Hinterteil unterscheiden?

a) An der Form des weißen Flecks.
b) An der Schwanzspitze.
c) Am Fehlen des Schwanzes beim Weibchen.

Antwort a) ist richtig. Die Weibchen tragen auf ihrem Hinterteil einen Fleck in der Form eines Herzens, während die männlichen Tiere dort einen bohnenförmigen Fleck zeigen. Beiden ist jedoch gemeinsam, dass sich diese Fellzeichnung bei Gefahr innerhalb von einer Viertelsekunde auf die doppelte Größe ausdehnt.

Tierische Geschichten

Welches dieser Tiere ist ein exzellenter Schwimmer?

a) Der Fuchs.

b) Das Eichhörnchen.

c) Das Reh.

Antwort c) ist richtig. In Holland schwamm ein Reh 7 km durch das Meer, um zu einer Insel zu gelangen. Aus Österreich wird von einem jungen Hirschen berichtet, der jeden Tag die Donau überquerte, um zu "seinem" Kleefeld zu gelangen.

Welches dieser Tiere stirbt, wenn es sich hinlegt?

a) Der Vogel Strauß.

b) Die Giraffe.

c) Das Nilpferd.

Antwort b) ist richtig. Selbst wenn die Giraffe Nachwuchs bekommt, legt sie sich nicht hin. Das bedeutet, dass das Neugeborene aus einer Höhe von 2 m auf den Boden fällt.

Welchem Umstand verdankt die Gottesanbeterin ihren Namen?

a) Ihrer Körperhaltung.

b) Ihrer Vorliebe für Buchsbaumblätter, die vorwiegend in Klostergärten zufinden sind.

c) Weil Nonnen im 15. Jahrhundert herausfanden, dass sich diese Insekten hervorragend zur Schädlingsbekämpfung eignen.

Antwort a) ist richtig. Die Gottesanbeterin verdankt ihren Namen der Stellung ihrer Vorderbeine, die an zum Beten gefaltete Hände erinnert.

Welches Tier steht dem Menschen genetisch am nächsten?

a) Der Schimpanse.

b) Das Hausschwein.

c) Der Rhesusaffe.

Antwort a) ist richtig. Die Gene des Menschen und des Schimpansen sind zu 99 % identisch.

Tierische Geschichten

Zu welchem Anlass hängt die Fledermaus mit dem Kopf nach unten?

　　c) Um ihre Feinde zu verwirren.

　　b) Um ihrer Beute besser aufzulauern.

　　c) Um zu schlafen.

　　Antwort c) ist richtig. Die Sehnen der Zehen blockieren bei der Fledermaus automatisch, so dass die Muskulatur nicht ermüdet. So kann sie stundenlang mit dem Kopf nach unten hängen.

An was orientiert sich der Star auf seinen Wanderzügen?

　　a) An der Sonne.

　　b) Am Polarstern.

　　c) An den Zügen der Wildgänse.

　　Antwort a) ist richtig. Der Star ist ein Tagesvogel, der sich vor allem an der Sonne orientiert, wenn er sich fortbewegt.

Tierische Geschichten

Bis zu wie viel Metern Tiefe kann ein Pottwal tauchen?

a) 500 m.

b) 700 m.

c) 1.000 m.

Antwort c) ist richtig. 1932 erlebte die Besatzung eines Schiffes, das wegen der Reparatur von Unterseekabeln vor der kolumbianischen Küste lag, die Überraschung, einen in ein Kabel verwickelten Pottwal aus 1.000 m Tiefe hochzuziehen!

Was ist das Besondere an der Scaphiopus-Kröte?

a) Ihre Jungen bestehen zum Teil aus Pflanzen- und zum Teil aus Fleischfressern.

b) Bei Gefahr produziert sie Töne wie ein Singvogel.

c) Sie kann ihre Hautfarbe wechseln.

Antwort a) ist richtig. Dadurch sichert die Kröte ihre Art. Bei Trockenheit überlebt die fleischfressende Kröte, indem sie die Vegetarierkröte frisst. Bei starken Regenfällen findet die fleischfressende Kröte keine Nahrung, weil das Wasser trüb wird. Dann überlebt die „vegetarische" Form.

Tierische Geschichten

Welche der folgenden Arten ist kein Primat?

a) Der Makak.

b) Der Mensch.

c) Der Löwe.

Antwort c) ist richtig. Primaten sind bezüglich der Hirnentwicklung sehr hochentwickelte Säugetiere. Die Bezeichnung stammt aus dem Lateinischen und bedeutet „Herrentiere". Der Mensch ist ein Primat, wie auch der Makak, der Schimpanse und der Orang-Utan.

Was kann für uns die Berührung mit manchen Krötenarten zur Folge haben?

a) Man bekommt Warzen.

b) Man kann von Warzen geheilt werden.

c) Sie verursacht ein Brennen auf der Haut.

Antwort c) ist richtig. Der Aberglaube, bei der Berührung von Kröten Warzen zu bekommen, stammt von dem rauen und warzenartigen Aussehen der Haut. Allerdings scheiden manche Arten ein Gift aus, das auf der Haut des Angreifers brennt.

Tierische Geschichten

Bis zu welchen Temperaturen können bestimmte Bakterienarten leben?

a) 100° Celsius.
b) 250° Celsius.
c) 500° Celsius.

Antwort b) ist richtig. Solche Bakterien leben in der Nähe von schwefelhaltigen Warmwasserquellen über ozeanischen Tiefseegräben in über 3.000 m Tiefe. Manche von ihnen vertragen Temperaturen von bis zu 250° Celsius.

Welches Phänomen kann bei Pavianen auftreten?

a) Sie schlagen ihre Feinde durch extrem hohes und lautes „Gelächter" in die Flucht.
b) Sie töten gelegentlich ihre Artgenossen aus anderen Gründen als denen der Verteidigung oder Futterbeschaffung.
c) Sie neigen zu manisch-depressiven Verhaltensformen.

Antwort b) ist richtig. Bei den Pavianen oder den Meereslöwen z.B. töten manchmal die Männchen die Jungen, wenn sie nicht deren Vater sind.

Tierische Geschichten

Was ist das Besondere am Periophtalmus, einer tropischen Fischart?

a) Er kann auf Bäume klettern.

b) Er kann seine lichtempfindlichen Augen bei Tage herausnehmen und im Sand vergraben.

c) Er kann in kochendem Wasser schwimmen, ohne Schaden zu nehmen.

Antwort a) ist richtig. Dieser Fisch verfügt über beinartige Flossen und eine Tasche im Maul, in der er Sauerstoff vorrätig hält. Diese erlaubt es ihm, Wanderungen außerhalb des Wassers zu unternehmen und auf Bäume zu klettern, um Insekten zu fangen.

Welche Meerestiere können sich über mehrere hundert Kilometer Entfernung miteinander unterhalten?

c) Heringe.

b) Quallen.

c) Finnwale.

Antwort c) ist richtig. Der blaue Finnwal sendet Infraschallwellen, die über sehr große Entfernungen zu hören sind.

Tierische Geschichten

Was haben Krebs und Spinne gemeinsam?

a) Sie bevorzugen die Eier anderer Arten als Nahrung.

b) Sie sind nachtaktiv.

c) Sie häuten sich.

Antwort c) ist richtig. Alle Gliederfüßer, auch Arthropoden genannt, wie zum Beispiel die Spinne, der Skorpion und der Krebs häuten sich, um sich wohl in ihrer Haut zu fühlen.

Wie kam es zur Verbreitung der Bisamratte in Frankreich?

a) Die Deutschen brachten sie im Ersten Weltkrieg mit.

b) Sie wurde unabsichtlich aus den französischen Kolonien importiert.

c) Einige Bisamratten entkamen aus Zuchtgehegen.

Antwort c) ist richtig. Die Bisamratte wurde 1925 in Frankreich für die Pelzproduktion eingeführt. Mehrere Ratten entkamen den Zuchtzentren und siedelten sich allmählich in den französischen Flüssen an. Heute findet man diese Ratte in vielen Regionen des Landes.

Tierische Geschichten

Welche der folgenden Lebewesen weisen die niedrigste Anzahl unterschiedlicher Arten auf?

a) Insekten.
b) Bakterien.
c) Säugetiere.

Antwort b) ist richtig. Die Bildung neuer Gattungen ist bei den Bakterien selten, denn ihre asexuelle Fortpflanzung erlaubt ihnen nicht, genetisches Material untereinander auszutauschen.

Welche tierische Nahrung verspeisen sowohl Bienen als auch Ameisen mit Vorliebe?

a) Eidechseneier.
b) Blattläuse.
c) Honigtau.

Antwort c) ist richtig. Honigtau ist eine von Blattläusen ausgeschiedene, süße Flüssigkeit, die von den Bienen aufgenommen wird und Honig von ausgezeichneter Qualität ergibt.

Tierische Geschichten

Was hat den Tod der Biene zur Folge?

a) Wenn sie Honigtau trinkt.

b) Wenn sie ein Säugetier sticht.

c) Wenn sie ihre Eier gelegt hat.

Antwort b) ist richtig. Die Biene kann problemlos ein Insekt stechen. Nur wenn sie ein Säugetier angreift, bleibt ihr Stachel in dessen Haut stecken, und ihr Unterleib wird mit ausgerissen. In diesem Fall stirbt die Biene.

Bis zu wie viel Stunden kann ein nordfriesischer Seehund ohne Verschnaufpause schwimmen?

a) 24 Stunden.

b) 52 Stunden.

c) 86 Stunden.

Antwort c) ist richtig. Mit Fahrtenschreibern und Satellitensendern, die man den Tieren auf dem Rücken befestigt hat, konnte man das Jagd- und Tauchverhalten der Seehunde beobachten: Die Robben jagten weiter draußen als angenommen, sind also für Wattenmeerfischer keine Konkurrenz.

Tierische Geschichten

Welche Eigenheit zeichnet die neuseeländische Brückenechse aus?

a) Sie besitzt auf dem Scheitel ein drittes Auge.

b) Das Männchen bildet bei Bachüberquerungen eine Brücke für das Weibchen.

c) Sie baut an Wasserläufen aus Zweigen kleine Brücken, um hier ihrer Beute aufzulauern.

Antwort a) ist richtig. Die seit etwa 200 Millionen Jahren auf der Erde vorkommenden Brückenechse hat tatsächlich ein drittes Auge, das aber unter der Haut verborgen ist. Vermutlich dient es als Sonnenlicht- und Wärmesensor.

Wie wirkte sich die Zähmung der Kuh auf ihre Milchproduktion aus?

a) Sie produziert weniger Milch.

b) Sie produziert mehr Milch.

c) Der Eigengeschmack der Milch hat sich verstärkt.

Antwort b) ist richtig. Zu Anfang ihrer Zähmung, vor 10.000 Jahren, produzierte eine Kuh 250 Liter Milch pro Jahr. Heute geben bestimmte Arten wie die Holsteinkuh jährlich etwa 10.000 Liter Milch, d. h. 40-mal mehr als ihre Vorfahren!

Tierische Geschichten

Welche „menschliche" Fertigkeit haben manche Vogelarten?

a) Sie machen von Werkzeugen Gebrauch.
b) Sie begraben ihre toten Artgenossen und stimmen dabei eine Art „Trauergesang" an.
c) Sie können zählen.

Antwort a) ist richtig. Viele Säugetiere, Vögel und Insekten benutzen ebenfalls Werkzeuge, um ihre täglichen Aufgaben auszuführen.

Wieso ist die Nahrung mancher Fledermäuse im tropischen Regenwald für den Menschen nicht zu empfehlen?

a) Ihre Nahrung enthält für den Menschen gefährliche Giftstoffe.
b) Sie ernähren sich vorwiegend von Tierkadavern.
c) Sie saugen das Blut von Vogelspinnen.

Antwort a) ist richtig. Bestimmte Fledermäuse sind immun gegen Strychnin, Arsen oder Zyanid. Diese Gifte sind in manchen Früchten enthalten und wären für den Menschen tödlich.

Tierische Geschichten

Warum ist es so erstaunlich, dass Termiten sich als hervorragende Ingenieure beim Bau ihrer Hügel erweisen?

a) Termiten haben das kleinste Gehirn von allen Insekten.

b) Termiten sind blind.

c) Termiten haben keinen Orientierungssinn.

Antwort b) ist richtig. Die Termiten sind blind. Ihre Fähigkeit, Hügel mit sehr komplizierten Belüftungssystemen zu bauen, ist umso erstaunlicher.

Welches Ereignis führte bis 1914 zur völligen Ausrottung von Milliarden nordamerikanischer Wandertauben?

a) Die Einschleppung eines südamerikanischen Taubenvirus'.

b) Der Anbau einer neuen Maisart, die für die Tauben unverdaulich war.

c) Die Ansiedlung europäischer Einwanderer.

Antwort c) ist richtig. Die letzte Wandertaube der Vereinigten Staaten ist im Cincinnati-Zoo 1914 gestorben. Vor der Ankunft der europäischen Ansiedler gab es Milliarden davon!

Tierische Geschichten

Wodurch unterscheiden sich Krokodile von allen anderen Reptilien?

a) Sie verfügen über ein Außengehör.

b) Sie verfügen über mehrere Zahnreihen.

c) Sie verfügen über Wärmesensoren, mit denen sie ihre Beute aufspüren.

Antwort a) ist richtig. Die Krokodile sind die einzigen Reptilien, die über ein Außengehör verfügen, das übrigens ausgezeichnet ist.

Wie atmen Insekten?

a) Sie nehmen den Sauerstoff über die Außenhaut auf.

b) Ihre Fühler haben eine lungenähnliche Funktion.

c) Sie haben Atemlöcher.

Antwort c) ist richtig. Insekten atmen durch kleine, an ihren Seiten befindliche Atemlöcher.

Tierische Geschichten

Spinnen gehören zur Familie der:

a) Insekten.

b) Arachniden.

c) Oktopoden.

Antwort b) ist richtig. Spinnen sind Arachniden. Sie unterscheiden sich von den Insekten vor allem dadurch, dass sie über 4 Beinpaare verfügen, während Insekten nur 3 haben.

Zu welcher Art von Insekten gehören Fliegen?

a) Hymenopteren

b) Monopteren

c) Dipteren

Antwort c) ist richtig. Fliegen sind Zweiflügler oder Dipteren. Insekten mit zwei Flügelpaaren wie die Bienen sind Hautflügler, auch Hymenopteren genannt.

Tierische Geschichten

Welche Lebewesen sind zuweilen die ungeladenen Tischgäste von fleischfressenden Pflanzen?

a) Kröten.
b) Bakterien.
c) Insektenlarven.

Antwort c) ist richtig. Bestimmte, gegen die von der Pflanze ausgeschiedene Säure unempfindliche Insektenlarven suchen dort Unterschlupf. Sie profitieren von der Beute, die ihr Gastgeber gefangen hat, um sich zu ernähren.

Welches Sinnesorgan ist bei Vögeln sehr unterschiedlich stark ausgeprägt?

a) Das Gehör.
b) Die Nase.
c) Das Auge.

Antwort b) ist richtig. Während der Geruchssinn bei einigen Vögeln wie z.B. beim Papagei wenig entwickelt ist, verfügen andere über eine sehr feine Nase: Der Geier z.B. kann in einer Entfernung von mehreren Kilometern ein Aas nach dem Geruch orten.

Tierische Geschichten

Wozu benötigt die Bachamsel ihre langen gebogenen Krallen?

a) Um sich bei Unterwasserspaziergängen am Grund festzuklammern.

b) Um kopfüber an einem Ast hängend zu dösen.

c) Um erbeutete Fische sicher ans Ufer zu befördern.

Antwort a) ist richtig. Die Bachamsel lebt in den Bergregionen von Europa, Zentralasien und Alaska. Um an ihre Nahrung zu kommen, taucht sie in Gebirgsbächen. Dank ihrer langen krummen Krallen kann sie unter Wasser gehen.

Wodurch unterscheidet sich das Gebiss eines Hengstes von dem einer Stute?

a) Es hat breitere Zähne.

b) Es hat zwei Zähne mehr.

c) Es hat gelbere Zähne.

Antwort b) ist richtig. Der Hengst verfügt über zwei kleine Eckzähne, die bei der Stute nicht vorhanden sind. Dieser Unterschied zwischen den zwei Geschlechtern nennt sich sexueller Dimorphismus.

Tierische Geschichten

In welchem Sinne sind die Ameisen den tropischen Ameisenvögeln sehr behilflich?

a) Ihre Verkehrswege dienen den Vögeln als Orientierung.

b) Sie versorgen die Vögel mit Nahrung.

c) Sie schützen die Vögel vor lästigen Parasiten.

Antwort b) ist richtig. Der sogenannte Ameisenvogel frisst keine Ameisen. Aber er folgt Kolonnen der Wanderameisen, vor denen sich die Insekten so fürchten, dass sie vor lauter Panik die Flucht ergreifen und somit dem Ameisenvogel „in den Schnabel laufen".

Was zeichnet den Gesang von Vögeln einer Gattung aus?

a) Sie wiederholen alle bestimmte, arttypische Sequenzen.

b) Sie singen alle ähnlich, bis auf manche Individualisten.

c) Sie singen geschlechtsspezifische Melodien.

Antwort b) ist richtig. Es gibt eine gemeinsame melodische Tendenz bei den Vögeln einer gleichen Art. Einzelne improvisieren allerdings gern und komponieren ganz persönliche Melodien.

Tierische Geschichten

Wieso können Vögel viel besser hören als Menschen?

a) Weil sie Töne höherer Frequenzen hören können.

b) Weil sie in der Lage sind, Zwischentöne zu hören.

c) Weil sie mehr Töne pro Sekunde hören können.

Antwort c) ist richtig. Während wir eine einzige Note hören, können Vögel in der Zwischenzeit zehn davon unterscheiden. Oft enthalten ihre Gesänge Notensequenzen, die uns wegen ihrer Schnelligkeit entgehen.

Wie gefährlich ist der Stromschlag eines Zitteraals für den Menschen?

a) Ähnlich dem eines elektrischen Zaunes.

b) Ein solcher Schlag ist tödlich.

c) Er schleudert einen Menschen durchs Wasser.

Antwort c) ist richtig. Der Zitteraal produziert und speichert Strom, den er nutzt, um seine Beute zu betäuben oder sich zu verteidigen. Eine Stromentladung dieses Fisches kann einen Menschen ein paar Meter weit wegstoßen.

Nachgefragt

◉ *Worauf achtet die Spinne, wenn sie sich in ihrem Netz bewegt?*

(Wer die Antwort nicht mehr weiß, kann auf S. 78 nachlesen.)

◉ *Wie signalisieren die Antennen des Flusskrebses ihm, wo oben und unten ist?*

(Wer die Antwort nicht mehr weiß, kann auf S. 87 nachlesen.)

◉ *Welcher Teil der Beute fällt dem Vogel zu, der seine Raubzüge gemeinsam mit einem Honigdachs durchführt?*

(Wer die Antwort nicht mehr weiß, kann auf S. 100 nachlesen.)

Tierische Geschichten

◎ **Was macht ein Strauß, wenn er bedroht wird?**

(Wer die Antwort nicht mehr weiß, kann auf S. 118 nachlesen.)

◎ **Wie kann das kalifornische Rattenkänguru überleben, ohne jemals einen Schluck zu trinken?**

(Wer die Antwort nicht mehr weiß, kann auf S. 119 nachlesen.)

◎ **Warum erschlaffen beim Hasen unter Einnahme von Papain die Ohren?**

(Wer die Antwort nicht mehr weiß, kann auf S. 134 nachlesen.)

Kämpfen

mit Köpfchen

Sieger und Verlierer

Kämpfen mit Köpfchen

Wie verteidigt sich der Igelfisch namens Diodon, ein im Roten Meer lebender Fisch?

a) Er füllt sich mit Wasser.

b) Er spuckt Sand aus.

c) Er schwimmt im Zick-Zack.

Antwort a) ist richtig. Wenn sich der Igelfisch bedroht fühlt, bläht er sich innerhalb einer Sekunde auf, indem er seinen Magen mit Wasser füllt. Dann lässt er Stacheln erscheinen, die jeden Feind davon abhalten, ihn zu schlucken.

Was macht die Baueule, um einen sich nähernden Feind zu erschrecken?

a) Sie dreht ihre Augen dem Mond zu.

b) Sie dreht ihm ihren gefleckten Rücken zu.

c) Sie macht das Geräusch einer giftigen Schlange nach.

Antwort c) ist richtig. Diese amerikanische Eule macht das drohende Rasseln der sehr giftigen Klapperschlange nach, was den Feind sofort in die Flucht schlägt.

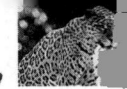

Was machen manche Obstfliegen, wenn sie auf eine Salticus scenicus, eine kleine europäische Spinne, treffen?

a) Sie spucken auf die Spinne.

b) Sie fressen die Spinne.

c) Sie bewegen ihre Flügel.

Antwort c) ist richtig. Diese Obstfliegen haben gestreifte oder gefleckte Flügel, die ihnen das Aussehen einer Salticus, auch Springspinne genannt, verleihen, wenn sie sie ausbreiten. Die so getäuschte Spinne lässt ihre Beute zu gnädigeren Orten davonfliegen.

Wie verfährt die Zitterspinne, eine Spinne mit feinen, langen Beinen, um ihren Feinden zu entkommen?

a) Sie schneidet sich ein Bein ab.

b) Sie schüttelt kräftig ihr Spinnennetz.

c) Sie macht 2 m hohe Sprünge.

Antwort b) ist richtig. Durch das schnelle Schütteln ihres Netzes verfließen die Umrisse der Spinne. So wird sie für den Feind fast unsichtbar.

Was passiert mit der Arionraupe, einem europäischen Schmetterling, wenn sie von einer Ameise gefangen und zum Ameisenhaufen gebracht wird?

a) Sie wird an die Decke gehängt.

b) Sie dient als Matratze für die Königin.

c) Sie ernährt sich von Ameisenlarven und entwickelt sich.

Antwort c) ist richtig. Die Arionraupe verfügt über eine Drüse an ihrem Unterleib, die eine für Ameisen berauschende süße Flüssigkeit ausscheidet. Die benommenen Ameisen sind dann unfähig, ihre Larven vor der gefräßigen Raupe zu schützen.

Wie verfährt eine bestimmte Zitteraalart, um eine Beute in 1 m Entfernung zu lähmen?

a) Er hypnotisiert sie.

b) Er setzt sie unter Strom.

c) Er stößt ein giftiges Gas aus.

Antwort b) ist richtig. Dieser Zitteraal produziert Strom, um sich zu verteidigen und um sich zu ernähren. Er kann in einer Stunde 150 Stromschläge von 700 Volt produzieren.

Kämpfen mit Köpfchen

Welche Ameisenart plündert die Larven von anderen Ameisen, um aus ihnen Sklaven zu machen?

a) Die Legionärs-Ameise.
b) Die Kongo-Ameise.
c) Die Amazonen-Ameise.

Antwort c) ist richtig. Amazonen-Ameisen sind Soldaten. Sie stehlen Larven anderer Ameisenarten, die, wenn sie ausgewachsen sind, Arbeiteraufgaben wie das Säubern der Erdhöhlen oder die Ernährung der Kolonie übernehmen.

Warum wird ein bestimmtes Insekt „Bombardierkäfer" genannt?

a) Wegen seiner Fähigkeit, eine Flüssigkeit von sich zu schleudern.
b) Wegen des Lärms, den er beim Fliegen macht.
c) Wegen seines helmförmigen Kopfes.

Antwort a) ist richtig. Der Bombardierkäfer produziert eine ätzende, 70° Celsius warme Flüssigkeit in seinem Unterleib, die er stoßweise auf seine Angreifer schleudert!

Wie handelt die Gladiator-Spinne in Australien, um ihre Beute zu fangen?

a) Sie benutzt einen Kaktusdorn, um ihre Opfer zu durchstechen.

b) Sie spuckt Gift aus ihren Munddrüsen.

c) Sie stellt einen Seidenfaden her, den sie zwischen ihre Beine spannt.

Antwort c) ist richtig. Wenn ein Insekt auftaucht, hebt die Spinne ihr Netz mit den Vorderbeinen über ihren Kopf und wartet, bis das Insekt sich nähert, um es zu fangen.

Warum schneidet eine Riesenwespe die Beine der Vogelspinnen ab, nachdem sie sie gelähmt hat?

a) Weil die Beine giftig sind.

b) Weil sie nur die Beine frisst.

c) Um sie leichter transportieren zu können.

Antwort c) ist richtig. Die Pepsis-Riesenwespen, die eine Flügelspannweite von bis zu 15 cm erreichen können, schneiden die Beine der großen Spinnen ab, um sie bis zu ihrem Unterschlupf schleppen zu können.

Kämpfen mit Köpfchen

Mit welcher List verjagt die amerikanische Heuschrecke ihre Hauptfeinde?

a) Sie färbt sich gelb.

b) Sie streckt ein Bein aus.

c) Sie schneidet ihre Flügel ab.

Antwort b) ist richtig. Wenn sie sich bedroht fühlt, läuft die Heuschrecke auf fünf Beinen vorwärts, das sechste Bein bleibt gestreckt und ragt aus dem Unterleib wie ein Stachel heraus. Deswegen glauben eventuelle Angreifer, dass sie stechen kann.

Welches Aussehen täuscht ein brasilianischer Käfer vor, wenn er sich bedroht fühlt?

a) Das einer Kröte.

b) Das eines Vogelexkrements.

c) Das einer giftigen Frucht.

Antwort b) ist richtig. Dieser Käfer legt sich auf den Rücken und zeigt seinen weißen Bauch, um wie ein Vogelexkrement auszusehen. Er streckt außerdem eins seiner weißen Beine aus, um einen Spritzer nachzuahmen!

Kämpfen mit Köpfchen

Was macht die Kotwanze der Java-Inseln, um Ameisen zu fangen?

a) Sie bedient sich einer Spinne.

b) Sie vergiftet sie.

c) Sie durchsticht sie mit einem kleinen Zweig.

Antwort b) ist richtig. Die Kotwanze sondert eine süße Flüssigkeit ab, die sie einen Stiel entlang gleiten lässt. Die Ameisen nehmen diese lähmende Substanz auf, und die Wanze kann sie in Ruhe verzehren.

Was macht eine Wanze aus Costa Rica, um Termiten zu fangen?

a) Sie verteilt Klebstoff auf den Pfaden der Termiten.

b) Sie gibt ihnen giftige Nahrung.

c) Sie legt eine Termitenleiche an den Rand des Termitenhaufens.

Antwort c) ist richtig. Eine Termite wird schnell versuchen, die Überreste ihres toten Artgenossen wegzuschaffen, um den Platz sauber zu halten. Dabei wird sie aber sofort von der Wanze gefangen. Diese frisst einen großen Teil des Tieres und lässt den Rest auf dem Boden liegen, um wieder andere Termiten anzulocken.

Kämpfen mit Köpfchen

Welcher Technik bedient sich eine schwarz-weiße Spinne, die in den Wäldern Borneos lebt, bei der Jagd?

a) Sie setzt ihr Netz unter Strom.

b) Sie übernimmt das Aussehen eines Vogelexkrements.

c) Sie benutzt eine Ameise als Köder.

Antwort b) ist richtig. Diese Spinne webt einen Seidenteppich auf ein Blatt und setzt sich darauf. Das erweckt den Anschein eines Vogelexkrements. Die sich auf der Suche nach Nahrung befindlichen Insekten setzen sich auf die Falle der Spinne, die diese nur noch zu fressen braucht.

Was versetzt Stiere in der Arena in Angriffslaune?

a) Hektische Bewegungen.

b) Die Farbe Rot.

c) Lautes Rufen und Klatschen.

Antwort a) ist richtig. Stiere werden in der Arena durch die Bewegungen des Tuches erregt. Farben können sie gar nicht erkennen.

199

Kämpfen mit Köpfchen

Welcher Technik bedient sich der schwarze Adler, ein Raubvogel in den Wäldern Asiens, um Eier und junge Vögel zu erbeuten?

a) Er wirft sie mit einem Ast vom Baum.

b) Er nimmt das ganze Nest mit.

c) Er bombardiert das Nest mit Kokosnüssen.

Antwort b) ist richtig. Anstatt alles auf der Stelle zu fressen, nimmt der schwarze Adler das Nest wie einen gefüllten Korb mit. Er lässt es sich dann woanders schmecken.

Was macht die Buschschwanzratte, ein Nagetier aus Nordamerika, um zu verhindern, dass Feinde ihr Loch erreichen?

a) Sie verstreut Kaktusdornen.

b) Sie pupst jedes Mal, wenn sie in ihr Loch läuft.

c) Sie baut ihr Loch unter Wasser.

Antwort a) ist richtig. Sie streut Dornen auf die Wege, die zu ihrem Loch führen. Das ist ein wirksamer Schutz, um sich unliebsame Feinde vom Hals zu halten.

Kämpfen mit Köpfchen

Welche Technik benutzt das Stachelschwein aus Südafrika, um sich gegen seine Feinde zu verteidigen?

a) Es greift systematisch an.

b) Es bleibt auf der Stelle stehen.

c) Es befeuchtet seine Stacheln mit dem Saft giftiger Beeren.

Antwort b) ist richtig. Durch diese Technik läuft der Angreifer von selbst in die Stacheln des Tieres. Danach ist ihm der Appetit auf die scheinbar leichte Beute vergangen und er wird sich nach etwas Genießbarerem umsehen.

Was macht der Raubwürger, eine Elsternart, mit seiner Beute, wenn er sie getötet hat?

a) Er taucht sie in Wasser.

b) Er wickelt sie mit Gras ein.

c) Er spießt sie auf Dornen auf.

Antwort c) ist richtig. Mit dieser Technik kann der Raubwürger seine Beute leichter zerstückeln und auch seine Nahrung für schlechte Zeiten speichern.

Kämpfen mit Köpfchen

Wie verfährt die Seeviper, um Fische zu fangen, die größer sind als sie selbst?

a) Sie wartet, bis sie sich paaren.

b) Sie nimmt das Aussehen von Lippfischen an.

c) Sie nimmt das Aussehen einer Alge an.

Antwort b) ist richtig. Die Seeviper nimmt das Aussehen der Lippfische, auch „Putzerfische" genannt, an und ahmt ihr Verhalten nach. Aber anstatt die großen Fische von ihren Parasiten zu befreien, verschlingt sie lieber ein Stück ihres Schwanzes!

Welches Tier spritzt beim Zubeißen eine giftige Substanz in seine Beute?

a) Die Zwergmaus Blarina.

b) Der Schakal.

c) Die Fledermaus.

Antwort a) ist richtig. Die Zwergmaus Blarina produziert einen für kleine Beutetiere wie Würmer tödlichen Giftstoff. Aber keine Panik, diese Substanz ist für Menschen völlig harmlos.

Kämpfen mit Köpfchen

Wie verteidigt sich der Skunk, ein nordamerikanisches Säugetier?

a) Er wirft Steine.

b) Er sondert eine sehr unangenehm riechende Flüssigkeit ab.

c) Er dreht sich wie ein Kreisel.

Antwort b) ist richtig. Der mit dem Iltis verwandte Skunk verfügt über gut entwickelte Analdrüsen. Dort wird eine stark stinkende Flüssigkeit produziert, mit der er einen Angreifer bespritzt. Daher auch sein Name „Stinktier". Ein befeuchtetes Stück Stoff stinkt nach einem Jahr immer noch!

Wie jagt manchmal der Bogenschützenfisch, der vor Indien im Pazifik lebt?

a) Er spuckt Wasser aus.

b) Er benutzt seinen spitzen Schwanz.

c) Er klettert auf Bäume.

Antwort a) ist richtig. Um die im Uferbereich lebenden Insekten zu fangen, spuckt der Bogenschützenfisch einen bis 2 m langen Wasserstrahl auf seine Beute. Das aus dem Gleichgewicht gebrachte Insekt fällt ins Wasser und wird anschließend verschluckt.

Kämpfen mit Köpfchen

Wie fangen bestimmte Krötenfische ihre Beute?

a) Sie schlagen sie mit ihrem Schwanz tot.

b) Sie saugen sie ein.

c) Sie erdrosseln sie mit Algen.

Antwort b) ist richtig. Die Beute wird von den Rückenflossen, die als Köder dienen, angelockt und plötzlich eingesaugt. Das Maul des Tieres öffnet sich in einer sechstausendstel Sekunde. Es ist so breit, dass der Krötenfisch größere und längere Fische als er selbst hinunterschlucken kann!

Wie reagiert ein junges Chamäleon, wenn es berührt wird?

a) Es lässt sich fallen.

b) Es macht einen Kopfstand.

c) Es lässt seine Zunge heraushängen.

Antwort a) ist richtig. Bei bestimmten Arten reicht die geringste Schwingung des Astes, auf dem sie sich für die Nacht niedergelassen haben, aus, damit sie sich fallen lassen: eine originelle Art, seinen Angreifern zu entkommen.

Kämpfen mit Köpfchen

Was tut die Dornschwanzagame, eine afrikanische Echse, um sich gegen einen Feind zu verteidigen, der ihr Erdloch angreift?

a) Sie bewegt ihren Schwanz in alle Richtungen.

b) Sie springt an den Hals des Feindes.

c) Sie spuckt ihm in die Augen.

Antwort a) ist richtig. Mit kleinen spitzen Schuppen ausgerüstet, erweist sich der Schwanz dieser Eidechse als eine furchterregende Waffe gegen die Schnauzen der Feinde.

Wie verständigt die Elritze, ein kleiner Süßwasserfisch, seine Artgenossen, wenn sie verletzt ist oder wenn Gefahr droht?

a) Sie schwimmt rückwärts.

b) Sie sendet Ultraschallwellen aus.

c) Sie produziert eine Warnsubstanz.

Antwort c) ist richtig. Diese Warnsubstanz wird von den Hautdrüsen des verletzten Fisches produziert. Sobald die Artgenossen sie wahrnehmen, ergreifen sie die Flucht.

Kämpfen mit Köpfchen

Was macht die Ringelnatter, wenn sie sich bedroht fühlt?

a) Sie stellt sich tot.

b) Sie wechselt ihre Farbe.

c) Sie spuckt eine Sandwolke aus.

Antwort a) ist richtig. Die Ringelnatter wird nicht nur starr, sondern sie geht so weit, dass sie einen Leichengeruch ausscheidet! Dies kann einem schon den Appetit auf eine Ringelnatter verderben!

Mit wem geht der Kojote hin und wieder gemeinsam auf die Jagd?

a) Mit einem Wolf.

b) Mit einem Falken.

c) Mit einem Dachs.

Antwort c) ist richtig. Indem sie sich gegenseitig Gesellschaft leisten, ergänzen die zwei Tiere ihre Qualitäten für die Jagd. Dadurch steigern sie ihre Chancen, Wild zu fangen. Ein schönes Beispiel für gute Zusammenarbeit!

Kämpfen mit Köpfchen

Wie verfahren Butzköpfe, eine große Walart, um sich einer Robbe zu bemächtigen, die auf einem treibenden Eisstück sitzt?

a) Sie nagen am Eis.
b) Sie kippen die Eisscholle.
c) Sie ahmen den Schrei des Robbenjungen nach.

Antwort b) ist richtig. Die Butzköpfe sammeln sich um den Eisblock und kippen ihn, bis die Robbe ins Wasser fällt, wo ein weiterer Butzkopf sich ihrer annimmt.

Was ergreifen bestimmte Krebse mit ihren Scheren, um sich zu verteidigen?

a) Eine Seeanemone.
b) Steine.
c) Algen.

Antwort a) ist richtig. Sie versuchen, ihre Angreifer mit Seeanemonen, deren Tentakel giftig sind, einzuschüchtern.

Kämpfen mit Köpfchen

Welcher Technik bedient sich die australische Schlange Acanthopis, auch Todesotter genannt, um ihre Beute zu fangen?

a) Sie bewegt das äußerste Ende ihres Schwanzes.
b) Sie stellt sich tot.
c) Sie hängt sich wie eine Liane an einen Baum.

Antwort a) ist richtig. Diese in der australischen Wüste lebende Schlange bewegt ihren rosigen Schwanz, der einem Wurm sehr ähnlich sieht. Die Nagetiere und Vögel glauben, sie könnten sich einen Wurm schmecken lassen und enden im Magen der Schlange.

Was benutzen bestimmte japanische Reiher, um Fische zu fangen?

a) Herumliegende Angelhaken.
b) Algen.
c) Insekten.

Antwort c) ist richtig. Nachdem der Reiher ein Insekt gefangen hat, wirft er dieses stromaufwärts in den Fluss und stellt sich ans Ufer. Das Insekt treibt flussabwärts und zieht Fische an, die der Vogel dann fängt. Einige Reiher haben sogar gelernt, Federn zum Angeln zu benutzen!

Was unternehmen manche Krötenarten in Asien, um ihre Feinde fernzuhalten?

a) Sie öffnen ihr Maul ganz weit.
b) Sie blasen sich mit Luft auf.
c) Sie legen sich auf den Rücken.

Antwort c) ist richtig. Auf die Art zeigen diese Kröten ihren sehr farbenreichen Bauch, ein deutlich sichtbares Zeichen, dass ihre Haut Gift enthält, welches sie ungenießbar macht.

Wie verteidigen sich manche Eichhörnchen gegen Schlangen?

a) Sie werfen ihnen Sand entgegen.
b) Sie stechen ihnen die Augen aus.
c) Sie stecken ihnen einen Stock ins Maul.

Antwort a) ist richtig. Wenn der Sand in den Augen der Schlange nicht ausreicht, dann ergreifen sie die Flucht!

Kämpfen mit Köpfchen

Wie schützt sich der Tintenfisch nachts gegen seine Feinde?

a) Er strahlt Licht aus.

b) Er saugt sich unter dem Panzer der Meeresschildkröten fest.

c) Er vergräbt sich im Sand.

Antwort a) ist richtig. Nachts werden die Tintenfische vom Mondlicht beleuchtet, und ihr Schatten verrät sie den unter ihnen schwimmenden Feinden. Wenn sie aber Licht produzieren, tarnen sie sich und machen sich somit „unsichtbar" für ihre Feinde.

Wie schaffen es manche Bienen, eine Hornisse zu töten?

a) Sie überschütten sie mit Honig.

b) Sie „kochen" sie.

c) Sie ertränken sie.

Antwort b) ist richtig. Wenn die Hornisse in den Bienenstock eingedrungen ist, wird sie von tausend Arbeiterinnen umzingelt. Diese schlagen mit den Flügeln, um die Temperatur bis 47° Celsius zu steigern. Die Hornisse verträgt keine Temperaturen über 44° Celsius und stirbt!

Kämpfen mit Köpfchen

Mit welcher Technik verteidigt sich die Chukwalla, eine nordamerikanische Echse, wenn sie sich in ein Loch geflüchtet hat?

a) Sie bläst sich mit Luft auf.

b) Sie macht den Laut einer Schlange nach.

c) Sie setzt ein giftiges Gas frei.

Antwort a) ist richtig. Indem sie sich mit Luft aufpumpt, füllt die Eidechse das Loch auf, was sie ungreifbar macht. Wenn der Feind allerdings nicht von ihr ablässt, streckt die Echse ihren Schwanz aus dem Loch und bietet ihn ihrem Feind, der ihn abbeißt und dann geht.

Warum beißt der Maulwurf manche Würmer, ohne sie zu fressen?

a) Um nur an ihnen zu kosten.

b) Um Reserven für den Winter zu bilden.

c) Weil sie giftig sind.

Antwort b) ist richtig. Nachdem er sie durch einen Biss gelähmt hat, begräbt der Maulwurf die noch lebenden Würmer in Löchern, wo er sie bis zum Winter aufbewahrt um sie dann zu fressen. Manche dieser Gruben enthalten bis zu 1.300 Würmer, was ca. 2 kg frischem Fleisch entspricht.

Nachgefragt

◎ **Welche akrobatische Übung vollführt die Gladiator-Spinne mit ihrem Netz?**

(Wer die Antwort nicht mehr weiß, kann auf S. 196 nachlesen.)

◎ **Wieso bleibt das süd-afrikanische Stachelschwein einfach stehen, wenn sich ihm ein Angreifer nähert?**

(Wer die Antwort nicht mehr weiß, kann auf S. 201 nachlesen.)

◎ **Warum tarnt sich die Seeviper ausgerechnet als Lippfisch, wenn sie auf Beutefang geht?**

(Wer die Antwort nicht mehr weiß, kann auf S. 202 nachlesen.)

🌀 *Mit welcher raffinierten Fangtechnik erbeutet der Bogenschützenfisch Insekten, die sich am Ufer aufhalten?*

(Wer die Antwort nicht mehr weiß, kann auf S. 203 nachlesen.)

🌀 *Zu welcher Tageszeit schützen sich Tintenfische, indem sie Licht produzieren?*

(Wer die Antwort nicht mehr weiß, kann auf S. 210 nachlesen.)

🌀 *Mit welcher Methode legt der Maulwurf sich regelrechte Fleischdepots für den Winter an?*

(Wer die Antwort nicht mehr weiß, kann auf S. 211 nachlesen.)

Liebe

im Tierreich

Verführerische Geschichten und ihre Folgen

Verführerische Geschichten

Was kennzeichnet die Nephila Maculata, eine Seidenspinne aus den warmen Regionen der Erde?

a) Sie frisst Gras.

b) Das Weibchen ist 1.000-mal größer als das Männchen.

c) Sie ist blind.

Antwort b) ist richtig. Das Männchen muss das Weibchen durch spezifische Schwingungen auf dem Spinnennetz vorwarnen, um zu vermeiden, dass dieses es frisst. Sobald es den Unterleib des Weibchens erreicht hat, überträgt es seine Spermien und verlässt sofort wieder das Spinnennetz.

Welcher Körperteil des Glühwürmchens strahlt Licht aus?

a) Der Kopf.

b) Der untere Teil des Bauches.

c) Die Flügel.

Antwort b) ist richtig. Vor allem das Weibchen spielt die „Anmacherin", um die Männchen in der Fortpflanzungszeit anzulocken. Dieses Licht kommt von der Verwandlung einer Substanz, die man Luziferin nennt. Teuflisch!

Verführerische Geschichten

Wo legt die Osmia bicolor, auch Mauerbiene genannt, ihre Eier?

a) Unter die Haut von Vögeln.
b) In Tannenzapfen.
c) In leere Schneckenhäuser.

Antwort c) ist richtig. Nachdem sie Eier gelegt hat, legt diese Biene Nahrung für die zukünftigen Larven dazu. Sie verstopft dann das Schneckenhaus mit zerkauten Blättern und bedeckt es mit Zweiglein, um es zu verstecken.

Welcher Technik bedienen sich manche Barschmännchen, um sich zu paaren?

a) Sie bilden sehr originelle Luftblasen.
b) Sie beißen sich in den Schwanz.
c) Sie nehmen das Aussehen eines Weibchens an.

Antwort c) ist richtig. Es gibt 3 Männchentypen bei den Barschen: die stärksten, die sich ganz normal paaren, die kleineren Männchen, die die Eier befruchten, während die größeren weg sind, und die Transvestiten, die sich während der Paarung eines Weibchens mit einem großen Männchen dazwischenstellen!

Verführerische Geschichten

Was müssen manche Insektenmännchen ihrem Weibchen schenken, um sich paaren zu können?

a) Eine Beute.
b) Eine Blume.
c) Kristalle.

Antwort a) ist richtig. Wenn das Weibchen ihr Mahl beendet, bevor das Männchen seine Spermien freigesetzt hat, gibt es seinen Partner auf. Wenn das Männchen dagegen die Befruchtung sichern konnte und das Weibchen nicht alles gefressen hat, fliegt es weiter und schenkt die Reste einer anderen Partnerin!

Wie verfährt die männliche Wanze, um einem Weibchen ihren Samen zu übertragen?

a) Sie durchbohrt dem Weibchen den Panzer.
b) Sie legt Samen auf ein Blatt.
c) Sie verdünnt ihre Spermien mit Wasser.

Antwort a) ist richtig. Nachdem der Panzer des Weibchens durchbohrt ist, verteilen sich die Spermien im ganzen Körper bis zum Kopf. Diejenigen, die die Eizellen erreichen, befruchten sie.

Verführerische Geschichten

Welcher Vogel „malt" sein Nest blau an, um das Weibchen anzulocken?

a) Der Seidenlaubenvogel.

b) Der Pissaco.

c) Der Saliv Dordala.

Antwort a) ist richtig. Der Seidenlaubenvogel verfügt über kein buntes oder spektakulär gestaltetes Gefieder. Um seine Partnerin zu verführen, baut er deshalb eine Art kleine „Allee" mit zwei Eingängen, die er sorgfältig blau anmalt, um seine zukünftige Gefährtin zu beeindrucken.

Welcher Zeitraum vergeht zwischen zwei Fortpflanzungsphasen bei den Elefantenweibchen?

a) 2 Jahre.

b) 4 Jahre.

c) 6 Jahre.

Antwort b) ist richtig. Das Elefantenweibchen ist nur alle vier Jahre sechs Tage lang fruchtbar. Es paart sich dann mit mehreren Männchen. Der Eisprung wird erst dann ausgelöst, wenn es sich mit dem stärksten Männchen gepaart hat.

 *Verführerische Geschichten*

Mit welchem Trick schützt der Regenpfeifer, ein amerikanischer Vogel, sein Nest vor dem Angriff eines Feindes?

a) Er bedeckt sein Nest mit Laub.

b) Er nimmt eines seiner Eier und zerbricht es in einiger Entfernung.

c) Er verlässt das Nest und tut, als ob er verletzt wäre.

Antwort c) ist richtig. Indem er einen seiner Flügel wissentlich hängen lässt, täuscht der Regenpfeifer vor, verletzt zu sein. Von dieser leichten Beute angezogen, wendet sich der Angreifer vom Nest ab und versucht, den Vogel zu fangen, der pfeilschnell wegfliegt.

Bei welchen Primaten singen Weibchen und Männchen täglich im Duo?

a) Bei den Hundsaffen.

b) Bei den grünen Affen.

c) Bei den Gibbons.

Antwort c) ist richtig. Die Gesänge der Gibbons sind ein echtes soziales Ereignis: Auf diese Art grenzen sie ihren Bereich ab. Dies spielt außerdem eine Rolle in der Aufrechterhaltung und Stärkung der Partnerschaft

Verführerische Geschichten

Was macht das Weibchen des Nashornvogels, eines tropischen Vogels mit breitem Schnabel, wenn es sein Nest baut?

c) Es rupft dem Männchen die Federn aus.

b) Es sperrt sich im Nest ein.

c) Es reißt sich die Krallen aus.

Antwort b) ist richtig. Wenn das Nest aus Erde und zersetztem Holz fast fertig ist, sperrt sich das Weibchen in das Nest ein, um es von innen zu Ende zu bauen und anschließend Eier zu legen. Das Männchen ernährt es durch eine Scharte über zwei Monate lang bis zum Ausbrüten.

Was tun die Jungen der Zwergmaus, um ihre Mutter nicht zu verlieren, wenn sie das Nest verlassen?

a) Sie beißen eine der anderen in den Schwanz und laufen dabei im Gänsemarsch.

b) Sie steigen ihr auf den Rücken.

c) Sie färben ihre Mutter rot.

Antwort a) ist richtig. Das erste der Jungen packt den Schwanz seiner Mutter mit den Zähnen. Das zweite schnappt sich den Schwanz des ersten und so weiter, bis der ganze Wurf eine Art Karawane bildet.

Verführerische Geschichten

Welche Technik benutzt der Leipoa ocellata, ein australischer Vogel, um sein Nest warm zu halten?

a) Er sammelt weiße Kieselsteine, die die Hitze reflektieren.

b) Er baut sein Nest auf einem Termitenhaufen.

c) Er begräbt Pflanzen unter seinem Nest.

Antwort c) ist richtig. Die Pflanzen setzen bei der Verwesung Wärme unter dem Nest frei. Wenn die Temperatur des im Sand vergrabenen Nestes zu hoch wird, nimmt der Leipoa etwas Sand weg, damit das Nest sich abkühlt.

Was regt die Küken der Wachtel an, gleichzeitig aus dem Ei zu schlüpfen?

a) Signale, die die Eier sich zusenden.

b) Das Klopfen der Mutter mit dem Schnabel auf die Eier.

c) Ein spezifischer Schrei des Vaters.

Antwort a) ist richtig. Die von den benachbarten Eiern ausgesendeten Signale bewirken, dass die weniger entwickelten Küken ihr Wachstum beschleunigen und gleichzeitig aus dem Ei schlüpfen können.

Verführerische Geschichten

Bei welchem Fisch ist das Weibchen zehnmal größer als das Männchen?

a) Beim Bückling.

b) Bei der Rotzunge.

c) Beim Tiefseeteufel.

Antwort c) ist richtig. Der weibliche Tiefseeteufel ist 1 m lang, sein männlicher Partner hingegen nur 8 cm. Wenn sie sich getroffen haben, beißt sich das Männchen mit seinen Zähnen auf dem Weibchen fest und ihre Kreislaufsysteme schließen sich zusammen. Danach werden sie ihr Leben lang zusammen bleiben!

Welches Produkt bewirkt das Wachstum eines männlichen Geschlechtsteils bei manchen Weibchen der Uferschnecke?

a) Schiffsfarbe.

b) Erdöl.

c) Spülmittel.

Antwort a) ist richtig. Manche Schiffsrümpfe werden mit Farben angemalt, die TBT, eine auf Zinn basierende Substanz, enthalten. Die in Häfen lebenden Uferschnecken verschlucken diesen Stoff und erleiden Missbildungen.

Verführerische Geschichten

Welches Reptil legt seine Eier in Termitenhaufen?

a) Der Nilwaran.

b) Die Brillenschlange.

c) Die Schildkröte der Galapagosinseln.

Antwort a) ist richtig. Die Eier des Nilwarans haben somit den Vorteil von idealen Brutbedingungen, da die Innentemperatur in den Termitenhaufen immer konstant ist. Sobald die Waran-Jungen ausschlüpfen, bedanken sie sich bei ihren Gastgebern, indem sie sie mit Genuss auffressen.

Woraus besteht das Nest des Siamkämpfers, eines Fisches, der in Thailand und Malaysia lebt?

a) Aus Muschelschalen.

b) Aus Fischgräten.

c) Aus Luftblasen.

Antwort c) ist richtig. Das Männchen fertigt das Nest unter dem Wasserspiegel an. Dabei produziert es mit Schleim bedeckte Luftblasen: Ein richtiges Liebesnest!

Verführerische Geschichten

Wo findet das Ausbrüten der Eier bei bestimmten Buntbarschen statt?

a) In anderen Fischbehausungen.

b) Im Maul des Weibchens.

c) Auf dem Rücken des Männchens.

Antwort b) ist richtig. Das Weibchen dieser Fische fastet 2 Wochen lang, um seine Nachkommenschaft nicht aus Versehen runterzuschlucken. Wenn sie geschlüpft sind, kommen die jungen Fische aus dem Maul ihrer Mutter heraus, kehren aber sofort wieder um, sobald Gefahr droht.

Welcher Fisch „webt" sein Nest?

a) Der Stichling.

b) Der Siamkämpfer.

c) Die Schläfergrundel.

Antwort a) ist richtig. Der männliche Stichling „webt" sein Nest mit Hilfe von Wasserpflanzen. Danach schiebt er das Weibchen hinein, damit es Eier legt. Es befruchtet die Eier und bewacht dann das Nest leidenschaftlich, bis die Fischbrut zur Welt kommt.

Verführerische Geschichten

Was charakterisiert das Tasmanische Huhn?

a) Es legt keine Eier.

b) Beim Fliegen dreht es sich um sich selbst.

c) Es lebt mit zwei Männchen zusammen.

Antwort c) ist richtig. Dieses Huhn hat sich für eine Dreierbeziehung entschieden: Es paart sich mit zwei Männchen und die drei ziehen die Brut zusammen auf.

Wohin legt der Bitterling, ein kleiner europäischer Süßwasserfisch, seine Eier?

a) In das Nest anderer Fische.

b) In Miesmuscheln.

c) Auf den Bauch von Bisamratten.

Antwort b) ist richtig. Die Eier werden innerhalb der Muschel befruchtet, die der Fischbrut ausgezeichnete Belüftungs- und Schutzbedingungen gewährt.

Verführerische Geschichten

Was ist an der Grünen Anakonda, einer südamerikanischen Schlange, besonders?

a) Sie paart sich mit mehreren Partnern gleichzeitig.

b) Sie ist viermal größer als das Männchen.

c) Sie frisst ihren Partner nach der Paarung.

Antwort a) ist richtig. Ein Anakondaweibchen wurde schon beobachtet, als es sich gleichzeitig mit 10 Partnern paarte. Es ist nicht erwiesen, ob alle Partner das Weibchen befruchten. Dennoch kann es über 70 Junge gebären!

Bei welchem Tier kann die Tragzeit nahezu drei Jahre dauern?

a) Beim Elefanten.

b) Bei der Giraffe.

c) Beim Salamander.

Antwort c) ist richtig. In über 1.400 m Höhe werden die Lebensbedingungen schwer für den schwarzen Alpensalamander. Deshalb verlangsamt das Weibchen seinen Stoffwechsel und gebärt die Jungen erst drei Jahre, nachdem es befruchtet wurde.

Verführerische Geschichten

Warum „weinen" die Meeresschildkröten, wenn sie an Strände gehen, um Eier zu legen?

a) Weil die Sonne sie brennt.

b) Um unter sich zu kommunizieren.

c) Um sich die Augen zu schützen.

Antwort c) ist richtig. Diese „Tränen" dienen dazu, die Augen der Schildkröten feucht zu halten und sie vor den Sandkörnern zu schützen, wenn die Tiere aus dem Meer kommen.

Mit welchem seiner Sinne findet der Lachs den Fluss wieder, in dem er geboren ist?

a) Mit seinem Gehör.

b) Mit seiner Sehkraft.

c) Mit seinem Geruchssinn.

Antwort c) ist richtig. Der Lachs wird im Süßwasser geboren, wächst im Ozean auf und kehrt wieder in seinen Ursprungsfluss zurück, um sich zu paaren. Seine „Nase" findet den Geruch und Geschmack des Flusses, in dem er geboren ist, wieder, auch nach mehreren im Ozean verbrachten Jahren.

Verführerische Geschichten

Was macht das Clownsfischmännchen, wenn das Weibchen stirbt?

a) Es frisst die Kleinen.

b) Es verwandelt sich in ein Weibchen.

c) Es begeht Selbstmord.

Antwort b) ist richtig. Wenn das Männchen stirbt, sucht sich das Clownsfischweibchen einen neuen Freier. Wenn aber das Weibchen stirbt, verwandelt sich das Männchen in ein Weibchen und paart sich mit einem jungen Männchen.

Was tut das Strumpfbandschlangenmännchen, um zu vermeiden, dass das Weibchen, mit dem es sich gerade gepaart hat, von einem anderen Männchen begattet wird?

a) Es hinterlässt einen spezifischen Geruch auf dem Weibchen.

b) Es verschließt ihr Geschlechtsorgan mit Erde.

c) Es rollt es im Schlamm.

Antwort a) ist richtig. Indem das erste Männchen auf dem Weibchen Pheromone hinterlässt, wird dieses sexuell unattraktiv. Das Männchen kann dann sicher sein, bald Vater zu werden.

Welche Eigenart kennzeichnet den Blaufußtölpel, einen Meeresvogel?

a) Er hat blaue Füße.

b) Er stolpert beim Watscheln über seine Füße.

c) Er frisst blaue Tausendfüßler.

Antwort a) ist richtig. Die Farbe der Beine scheint bei der Paarung eine große Rolle zu spielen. Während des Balzens hebt das Männchen seine Beine ganz stolz hoch, um sein Weibchen zu verführen.

Was tut die weibliche Gottesanbeterin mit ihrem Partner, um sicher befruchtet zu werden?

a) Sie streichelt ihm die Antennen.

b) Sie zwingt ihn dazu, Pollen zu fressen.

c) Sie schneidet ihm den Kopf ab.

Antwort c) ist richtig. Die Natur verfährt manchmal auf seltsame Art und Weise. Die Befruchtung ist nämlich erst dann gesichert, wenn die Gottesanbeterin während der Paarung ihrem Partner den Hals abschneidet.

Verführerische Geschichten

Welches Tier wechselt sein Geschlecht, wenn es älter wird?

a) Die Schlange.
b) Der Maulwurf.
c) Die Garnele.

Antwort c) ist richtig. Die Garnele ist ein Zwitter: sie kann gleichzeitig Weibchen und Männchen sein.

Was nimmt das Weibchen der „einsamen Wespe" in Nordamerika zwischen ihre Kiefer, um die Erde zusammenzudrücken?

a) Einen kleinen Stein.
b) Einen kleinen Zweig.
c) Ein Korn.

Antwort a) ist richtig. Nachdem die „einsame Wespe" lebende Raupen begraben hat, auf die sie ihre Eier gelegt hat, stopft sie ihr Loch mit Hilfe eines Steins zu, um sie zu verstecken.

Verführerische Geschichten

Wohin setzt die Wolfsspinne ihre Jungen während ihrer nächtlichen Ausflüge?

a) In ihren Mund.

b) Auf ihren Rücken.

c) In ihren Bauch.

Antwort b) ist richtig. Diese Tarantel kann auf diese Weise bis zu 200 Junge mit sich tragen, die sich hin und wieder gegenseitig fressen, um ihr Mahl zu ergänzen ...

Wo befinden sich die Genitalien bei der Schnecke?

a) Rechts am Kopf.

b) Unterhalb des Schwanzes.

c) Hinter der Schale.

Antwort a) ist richtig. Die Schnecke hat eine sehr eigenartige Fortpflanzungsart: Sie ist erst männlich, bevor sie weiblich wird. Wenn sie ihr Sperma einem Partner übertragen hat und von diesem Sperma bekommen hat, verwandelt sie sich in ein Weibchen und produziert Eizellen. Diese werden anschließend vom Sperma des Partners befruchtet.

Verführerische Geschichten

Wie stillt eine Walfischmutter ihr Junges?

a) Sie spritzt ihm die Milch in den Mund.

b) Sie schwimmt mit ihm ins flache Wasser.

c) Sie dreht sich auf den Rücken und schwimmt dicht unter der Wasseroberfläche.

Antwort a) ist richtig. Um zu vermeiden, dass ihr Junges beim Stillen ertrinkt, spritzt die Mutter die Milch in den Mund ihres jungen Wals.

Bei welcher Affenart erbt das Männchen seinen sozialen Rang von der Mutter?

a) Beim Pinseläffchen.

b) Bei der japanischen Meerkatze.

c) Beim Orang-Utan.

Antwort b) ist richtig. Diese Art, einen bestimmten Platz in der Sozialordnung einzunehmen, ist bei Säugetieren äußerst selten. In der Regel erkämpfen sich die Männchen mit Gewalt diese Position in der Gruppe.

Wie verfährt die „Goldene Kröte" in Südamerika, um ein Weibchen anzulocken?

a) Sie quakt Laute, die noch in 5 km Entfernung zu hören sind.

b) Sie hüpft 2 Stunden lang auf der Stelle.

c) Sie strahlt ein rotes Licht aus.

Antwort c) ist richtig. Während der Regenzeit, die auch die Zeit der Liebe ist, leuchten die Männchen wie rote Neonlichter. Sie brauchen nicht zu quaken, die Beleuchtung reicht völlig aus!

Wo entwickeln sich die Eier der Rheobatrachus, eines kleinen australischen Frosches?

a) In den Blüten der Seerosen.

b) Im Magen ihrer Mutter.

c) Auf dem Rücken von Fischen.

Antwort b) ist richtig. Diese Froscheier sind resistent gegen die Magensäure ihrer Mutter. Wenn sie entwickelt sind, werden sie von der Mutter befreit, indem sie die kleinen Frösche erbricht.

Verführerische Geschichten

Welche Eigenschaft kennzeichnet die Surinam-Kröte?

a) Sie pfeift.

b) Die Jungen schlüpfen aus Eiern, die sich in der Haut ihrer Mutter befinden.

c) Algen bedecken ihre Hinterbeine.

Antwort b) ist richtig. Das Männchen der Pipa-Pipa, auch Surinam-Kröte genannt, legt die befruchteten Eier auf den Rücken des Weibchens. Während ihrer Entwicklung bohren diese Eier richtige Löcher in den Rücken der Mutter ... Das geht ihr richtig unter die Haut!

Welche Besonderheit hat der Rheobatrachus Silus, ein kleiner australischer Frosch?

a) Er schwimmt eine Art Kraulstil.

b) Er gebärt durch den Mund.

c) Er lebt auf dem Rücken von Krokodilen.

Antwort b) ist richtig. Nachdem das Weibchen Eier gelegt hat, verschluckt es diese. Dann fastet sie 6 bis 8 Wochen, um die Entwicklung der Eier zunächst zu Kaulquappen und dann zu kleinen Fröschen in ihrem Magen zu sichern.

Verführerische Geschichten

Wie verfahren manchmal die Jungen des Opossums, einer amerikanische Beutelratte, mit ihrer Mutter?

a) Sie spielen mit ihr Verstecken.

b) Sie schenken ihr ihre Beute.

c) Sie fressen sie.

Antwort c) ist richtig. Dieses Verhalten wird allerdings nur sehr selten beobachtet. Die Gründe dafür sind noch ungeklärt.

Wie verfährt das Salamander-Männchen, um seinen Samen einem Weibchen zu übertragen?

a) Es legt ihn in eine Samenzellentasche.

b) Es legt ihn in die Behausung seiner Gefährtin.

c) Es mischt ihn mit Fruchtsaft.

Antwort a) ist richtig. Das Männchen lässt seine Samentasche am Boden liegen. Es geht dann auf die Suche nach einem Weibchen, das, wenn es paarungsbereit ist, diese Tasche nimmt und in ihr Geschlechtsteil einführt.

Verführerische Geschichten

Welches Insekt gebärt gleichzeitig seine Kinder und Enkelkinder?

a) Die Blattlaus.

b) Der Marienkäfer.

c) Der Hirschkäfer.

Antwort a) ist richtig. Das Blattlausweibchen kann sich ohne Zutun des Männchens reproduzieren. Es erzeugt dann nur Weibchen. Diese fangen schon im Bauch ihrer Mutter an, sich zu reproduzieren. Die Blattlaus setzt also gleichzeitig zwei Generationen in die Welt!

Was tun die Seepferdchen, um ihre Eier zu ernähren?

a) Sie verbinden sie mit ihrem Blutkreislauf.

b) Sie nehmen sie ins Maul.

c) Sie legen sie in eine Riesenauster.

Antwort a) ist richtig. Die Seepferdchenmännchen bekommen die Eier in ihren Beutel und verbinden sie mit ihrem Blutsystem. Dadurch können die von ihrer Ernährungsaufgabe befreiten Weibchen einen neuen Fortpflanzungszyklus beginnen.

Verführerische Geschichten

Was charakterisiert die Kaulquappen der in Afrika beheimateten Krallenfrösche?

a) Sie sind größer als ihre Eltern.

b) Sie leben außerhalb des Wassers.

c) Sie sind durchsichtig.

Antwort c) ist richtig. Alle ihre inneren Organe wie das Herz oder das Gehirn sind bei dieser Kaulquappe, auch „Glaskaulquappe" genannt, von außen sichtbar.

Wo bewahrt der Beutelfrosch aus Südamerika seine Eier auf?

a) In seinem Mund.

b) In einem Bauchbeutel.

c) In einem Rückenbeutel.

Antwort c) ist richtig. Nachdem es die aus dem Mastdarmende des Weibchens kommenden Eier befruchtet hat, stößt das Männchen sie in den Rückenbeutel des Weibchens hinein. Das Weibchen wird also ständig seine Nachkommenschaft auf dem Rücken tragen, bis diese drei Monate später aus den Eiern schlüpft.

Verführerische Geschichten

Wie schafft es die männliche Tintenschnecke, eine Tintenfischart, ein Weibchen zu befruchten?

a) Sie gräbt ihren Samen in den Sand.

b) Sie schließt ihren Samen in eine Muschel ein.

c) Sie stößt ein Tentakel im Meer ab.

Antwort c) ist richtig. Das Tintenschneckenmännchen trennt sich von einem seiner Fühlorgane, das Spermien enthält. Dieses schwimmt allein weiter, auf der Suche nach einem Weibchen.

Wie lässt das Elefantenweibchen das weit entfernte Männchen wissen, dass es fruchtbar ist?

a) Es wirbelt Staub auf.

b) Es sendet Infraschallwellen aus.

c) Es entwurzelt Bäume.

Antwort b) ist richtig. Diese Infraschallwellen sind für Menschen nicht vernehmbar. Sie können aber in 100 km Entfernung von anderen Elefantengruppen gehört werden.

Verführerische Geschichten

Was kennzeichnet die Asaphe, eine kleine Wespe?

a) Sie pflanzt sich im Wasser fort.

b) Ein einziger Stich von ihr kann ein Pferd töten.

c) Sie schmarotzt bei anderen Schmarotzern.

Antwort c) ist richtig. Die Asaphe schmuggelt ihre Eier in eine Parasitenlarve ein, die sich selbst schon im Körper einer Blattlaus entwickelt hat. Das nennt sich Hyperparasitismus. Damit ist es aber nicht getan, denn es gibt zusätzlich weitere Parasiten, die wiederum von diesen profitieren.

Wie verteidigen manche Sturmvogelarten in der Antarktis ihr Nest?

a) Sie verbergen es unter dem Schnee.

b) Sie tragen es mit sich herum.

c) Sie spucken ein schlechtriechendes Öl aus.

Antwort c) ist richtig. Diese Vögel käuen ein stinkendes Öl wieder, das sie ganz präzise bis zu 2 m Entfernung ausspucken, was jeden davon abschreckt, sich dem Nest zu nähern.

Verführerische Geschichten

Welches Merkmal kennzeichnet das Schlangenmännchen?

a) Es ist blind.

b) Es dringt in die Verdauungswege der Menschen ein.

c) Es trägt die Jungen.

Antwort c) ist richtig. Während der Paarung stößt das Weibchen seine Eier ab, die am Bauch des Männchens haften bleiben. Dieser bringt sie in den Falten seiner Haut unter, bis die kleinen Schlangen aus den Eiern schlüpfen.

Was macht der Bandwurm, um sich fortzupflanzen?

a) Er frisst seine Partnerin.

b) Er befruchtet sich selbst.

c) Er spaltet sich in vier Teile.

Antwort b) ist richtig. Der Bandwurm heißt in anderen Sprachen der „Einsame Wurm". Es war so schwer für diesen Wurm, eine Partnerin zu finden, dass er sich schließlich selbst befruchten musste!

 *Verführerische Geschichten*

Welches Tier paart sich im Sommer und bekommt seine Jungen im nächsten Frühling?

a) Das Reh.
b) Das Wildschwein.
c) Der Dachs.

Antwort a) ist richtig. Die Rehgeiß hemmt die Entwicklung ihrer Embryonen 5 Monate lang. Dadurch wirft sie erst im Frühling und nicht im Winter, was die Überlebenschancen der Jungen erhöht.

Auf welche Weise machen sich manche Riesentintenfischmännchen zur Paarung an die Weibchen heran?

a) Sie stellen sich tot.
b) Sie tarnen sich als Weibchen.
c) Sie umschmeicheln sie mit rosa Tinte.

Antwort b) ist richtig. Kopffüßler, zu denen die Tintenfische gehören, sind wahre Verwandlungskünstler. Als Weibchen getarnt, nähern sie sich manchmal der Angebeteten eines unachtsamen Nebenbuhlers.

Verführerische Geschichten

Wohin legen manche Wespenarten ihre Eier?

a) In Mohrrüben.

b) In Raupen.

c) In Eichhörnchenexkremente.

Antwort b) ist richtig. Die Raupe verfügt zwar über ein Immunsystem, um die Eier der Wespe zu zerstören, diese aber fügt beim Ablegen der Eier einen Virus hinzu, der diese Immunwirkung der Raupe neutralisiert.

Was geschieht mit den Ameisenmännchen, sobald sie ihre Königin befruchtet haben?

a) Sie verwandeln sich in Arbeiterinnen.

b) Sie dienen als lebender Speiseschrank.

c) Sie sterben.

Antwort c) ist richtig. Die Rolle der Ameisenmännchen innerhalb der Kolonie beschränkt sich einfach darauf, ihre Gene der Königin zu übertragen. Danach ist es aus mit ihnen.

Verführerische Geschichten

Woher kommt der Samen bei bestimmten Krebsarten?

a) Aus einem der Beine.
b) Aus dem Maul.
c) Aus einem Auge.

Antwort a) ist richtig. Der Samen wird aus dem oberen Teil eines Beins ausgeschieden. Er wird von einem zweiten Bein in einer Art Hohlraum aufgefangen, bevor ein drittes Bein den Samen in die Genitalien des Weibchens weiterleitet.

Welche Tierweibchen können nach der Paarung männliche Samen „horten"?

a) Beuteltiere.
b) Ameisen.
c) Schlangen.

Antwort b) ist richtig. Eine einzige Paarung reicht dem Weibchen aus, um ihr Leben lang Eier legen zu können. Ein solches Phänomen kann man bei Ameisen und Bienen beobachten.

Verführerische Geschichten

Es kommt vor, dass Bienenköniginnen sich allein fortpflanzen, ohne dass ein Männchen sie befruchtet. Welches Geschlecht haben diese Nachkommen?

a) Männlich.
b) Weiblich.
c) Zwitter.

Antwort a) ist richtig. Bei der Selbstbefruchtung der Bienenkönigin entwickelt sich die Eizelle ohne Spermien. Diese Art von Fortpflanzung heißt Parthenogenese. Bei den Bienen werden dann immer nur Männchen geboren, die man Drohnen nennt.

Wohin schwimmen Aale, um sich fortzupflanzen?

a) Sie kehren in die Flüsse zurück.
b) Sie tauchen in große Meerestiefen.
c) Sie kehren ins Meer zurück.

Aale kommen im Sargassomeer, in der Nähe der Antillen zur Welt. Dann schwimmen sie quer über den Atlantik bis zu den europäischen Flüssen. Nach ein paar Jahren schwimmen sie zurück, um sich fortzupflanzen und zu sterben.

Nachgefragt

◎ Welche drei Typen gibt es bei männlichen Barschen?

(Wer die Antwort nicht mehr weiß, kann auf S. 217 nachlesen.)

◎ Auf welche Weise täuscht der amerikanische Regenpfeifer eine Verletzung vor, um sein Nest vor seinen Feinden zu schützen?

(Wer die Antwort nicht mehr weiß, kann auf S. 220 nachlesen.)

◎ Wie reguliert der Leipoa ocellata, ein australischer Vogel, mit Hilfe von Pflanzen sein Gelege?

(Wer die Antwort nicht mehr weiß, kann auf S. 222 nachlesen.)

Verführerische Geschichten

⊚ *Was wird durch die „Tränen" der Meeresschildkröten verhindert?*

(Wer die Antwort nicht mehr weiß, kann auf S. 228 nachlesen.)

⊚ *Wie wird die Surinam-Kröte auch genannt?*

(Wer die Antwort nicht mehr weiß, kann auf S. 235 nachlesen.)

⊚ *Welche Funktion haben die Ameisenmännchen innerhalb der Ameisen-Kolonie?*

(Wer die Antwort nicht mehr weiß, kann auf S. 243 nachlesen.)

Tier

und Pflanze

Geheimnisvolle Verbindungen

Tier und Pflanze

Wie schützen sich bestimmte Akazien in Amerika vor Insekten und Säugetieren?

a) Sie beherbergen Ameisen.

b) Sie bedecken ihre Blätter mit Klebstoff.

c) Sie färben ihre Blätter rot.

Antwort a) ist richtig. Der Baum bietet den Ameisen Unterschlupf und Nahrung in Zuckerdrüsen. Dafür verteidigen die Ameisen den Baum gegen allerlei Angreifer.

Was macht ein Einsiedlerkrebs mit der auf seinem Panzer festsitzenden Meeresanemone, wenn er seinen Unterschlupf wechseln will?

a) Er schneidet sie in zwei Teile.

b) Er gibt sie einem Feind als Futter.

c) Er setzt sie auf seine neue Schale.

Antwort c) ist richtig. Die beiden scheinen für das Leben verbunden zu sein!

Tier und Pflanze

Wer bewohnt hin und wieder das Innere einer Seegurke (ein Meerestier)?

a) Ein Fisch.
b) Ein Krebs.
c) Eine Garnele.

Antwort a) ist richtig. Dieser Fisch benutzt die Seegurke als Unterkunft, aber manchmal auch als Nahrung, da er auch das Innere des Gurkenkörpers frisst. Die Seegurke stirbt jedoch nicht daran, da sie ihr Gewebe fortlaufend wiederherstellen kann.

Welche Pflanze wendet sich für ihre Befruchtung an die Fledermaus?

a) Der Kautschukbaum.
b) Der Baobab.
c) Die Ölpalme.

Antwort b) ist richtig. Um die Fledermäuse anzulocken, öffnen sich die Baobabblüten nur nachts, blühen mit dem Kopf nach unten und scheiden ein Parfüm aus, das dem Geruch ähnelt, den diese Tiere ausströmen, um sich untereinander zu erkennen.

Tier und Pflanze

Wie lässt sich die Blüte der Riesenseerose befruchten?

a) Sie sperrt einen Käfer ein.

b) Sie erstickt einen Fisch.

c) Sie nimmt die Gestalt einer Kröte an.

Antwort a) ist richtig. Wenn der Käfer am frühen Abend in die Blüte der Victoria Regia kriecht und anfängt, sie anzufressen, verschließt sich diese um ihn herum. Sie öffnet sich erst am nächsten Morgen wieder. Zwar in schlechtem Zustand, aber mit wertvollem Blütenstaub behaftet, lässt sie den Käfer wieder frei.

Welches Tier sorgt für die Befruchtung der südafrikanischen Protea-Blume?

a) Eine Gazelle.

b) Eine Maus.

b) Eine Fledermaus.

Antwort b) ist richtig. Die Protea-Blume bildet große Blüten am Boden. Die vom Nektar angelockten Mäuse stecken das Schnäuzchen tief in die Pollen und befruchten dann auf die gleiche Art weitere Protea-Blumen auf anderen Büschen.

Tier und Pflanze

Was tut die Stapelie, eine Pflanze in der südafrikanischen Wüste, um befruchtet zu werden?

a) Sie sondert den Geruch faulen Fleisches ab.
b) Sie lässt sich von Mäusen transportieren.
c) Sie nimmt die Gestalt eines Insektenweibchens an.

Antwort a) ist richtig. Die Fliegen glauben, sie haben es mit einem Kadaver zu tun, und legen ihre Eier in die Blüte. Die Larven schlüpfen nie aus, die Blume wird aber von der Fliege befruchtet.

Welches Tier sorgt für die Befruchtung der Ingwerblüte, einer Pflanze aus Asien?

a) Eine Schlange.
b) Ein Skorpion.
c) Ein Kolibri.

Antwort c) ist richtig. Die Ingwerblüte entwickelt zwei Nektararten: eine zur Ernährung der Ameisen, die die Öffnung des Blütenkelches bewachen, und die zweite für den Kolibri, das einzige Tier, das für ihre Befruchtung sorgen kann.

Tier und Pflanze

Was tun manche Farnkräuter, um sich gegen Insektenlarven zu verteidigen?

a) Sie entwickeln Substanzen, die die Verwandlung der Larven beeinträchtigen.

b) Sie bilden Stacheln.

c) Sie schütteln ihre Blätter.

Antwort a) ist richtig. Diese Farnkräuter produzieren eine ähnliche Substanz wie das Verwandlungshormon der Insekten. Dadurch stören sie die Metamorphose der Larven, die ihre Blätter fressen.

Welches Holz widersteht den Termiten?

a) Die Eiche.

b) Der Haselnussstrauch.

c) Der Kastanienbaum.

Antwort c) ist richtig. Es gibt nur wenig Bäume, die nicht regelmäßig von Termiten überfallen werden. Der Kastanienbaum scheint über ein diese Insekten abstoßendes Gift zu verfügen.

Tier und Pflanze

Wie verfährt die Passionsblume, eine aus den Tropen stammende Pflanze, um sich vor Raupen zu schützen?

a) Sie produziert falsche Schmetterlingseier.
b) Sie lockt Vögel mit ihrem Geruch an.
c) Sie scheidet eine klebrige Substanz aus.

Antwort a) ist richtig. Auf diese Art glaubt der Schmetterling, dass einer seiner Artgenossen schon vorher seine Eier auf der Pflanze abgelegt hat und fliegt weiter, um sich einen anderen Platz zu suchen.

Welches Tier wurde eingesetzt, um den Feigenkaktus zu bekämpfen, der in Australien überhand nahm?

c) Die Eidechse.
b) Der Schmetterling.
c) Die Maus.

Antwort b) ist richtig. Die Raupe eines Schmetterlings bohrt Hohlräume in den Kaktus, um sich zu ernähren. Pilze und Bakterien siedeln sich danach in diesen Hohlräumen an, was dann zum Tod der Pflanze führt.

Tier und Pflanze

Was tun manche Orchideen, um ihre Befruchtung zu fördern?

a) Sie wachsen innerhalb anderer Blumen.

b) Sie beherbergen Nacktschnecken.

c) Sie täuschen das Aussehen eines Insektenweibchens vor.

Antwort c) ist richtig. Das Insektenmännchen glaubt, es hat mit einem Weibchen zu tun. Es lässt sich auf der Blume nieder und versucht erfolglos, sich fortzupflanzen. Es wird dennoch Pollen von der Orchidee mitnehmen und damit eine andere befruchten.

Welches Tier übernimmt die Verbreitung des Samens der Eiche?

a) Der Specht.

b) Die Waldmaus.

c) Der Eichelhäher.

Antwort c) ist richtig. Der Eichelhäher begräbt die gesammelten Eicheln an verschiedenen Orten. Da er jedoch fast die Hälfte davon vergisst, können die Eicheln in mehreren hundert Metern Entfernung von ihrem Stammbaum keimen.

Tier und Pflanze

Welchen Insekten bieten bestimmte Lianenarten Unterschlupf?

c) Bienen.
b) Termiten.
c) Ameisen.

Antwort c) ist richtig. Dieser Unterschlupf besteht aus zwei nahe beieinander gelegenen Blättern, zwischen denen die Ameisen Unterschlupf und Nahrung finden. Die Liane nutzt deren Durchmarsch, indem sie sich mit Hilfe ihrer in dem Unterschlupf hängenden Luftwurzeln von ihren Nahrungsresten ernährt.

Welchen Vorteil besitzt die gelbe Schwertlilie, um Insekten anzulocken?

a) Knallrote Blütenblätter.
b) Landungslinien.
c) Ein gekrümmtes Blatt.

Antwort b) ist richtig. Diese „Landungslinien", die auch bestimmte Gattungen der Orchidee besitzen, führen das Insekt direkt zu den begehrten Fortpflanzungsorganen der Pflanze.

Tier und Pflanze

Was ist ein Tococa?

a) Ein tropischer Baum.

b) Ein kanadischer Vogel.

c) Ein riesiger Schmetterling.

Antwort a) ist richtig. Das Besondere an diesem Baum ist, dass er auf seinen Blättern Ameisen Unterschlupf bietet. Die so im Grünen lebenden Ameisen übernehmen dann tapfer die Verteidigung ihres Gastgebers gegen seine Feinde.

Warum werden Ameisen von Pflanzen sehr selten ersucht, ihnen bei der Fortpflanzung behilflich zu sein?

a) Weil sie keinen Geruchssinn haben.

b) Weil sie gegen Pollen allergisch sind.

c) Weil sie mit Öl bedeckt sind.

Antwort c) ist richtig. Das den Körper der Ameisen bedeckende antibiotische Öl beschädigt den Pollen und verhindert dadurch eine erfolgreiche Befruchtung der Pflanzen.

Tier und Pflanze

Welche Pflanze stört die Verdauung der Insekten, die sie fressen?

a) Die Tomate.

b) Der Blumenkohl.

c) Die Gurke.

Antwort a) ist richtig. Wenn eine Tomatenpflanze von einem Insekt überfallen wird, fangen die Blätter an, ein Eiweiß zu produzieren, das die Eigenschaft hat, bestimmte Verdauungsenzyme funktionsuntüchtig zu machen.

Welche Pflanze ruft Wespen zu Hilfe, um die Raupen, die ihre Blätter anfressen, loszuwerden?

a) Die Kartoffel.

b) Der Rotkohl.

c) Der Mais.

Antwort c) ist richtig. Wenn die Raupe seine Blätter anfrisst, produziert der Mais Moleküle, die die Verdauung der Pflanze fördern. Dadurch werden aber gleichzeitig gasähnliche Stoffe freigesetzt, die eine parasitische Wespe anlocken. Diese legt dann Eier in den Körper der Raupe: Das bedeutet ihr Todesurteil.

Tier und Pflanze

Welche dieser Pflanzen nimmt mit Hilfe von Bakterien Stickstoff aus der Luft auf?

a) Die Bohne.

b) Der Rosmarin.

c) Die rote Peperoni.

Antwort a) ist richtig. Es handelt hier um eine Symbiose: die Bohne beschützt die Bakterien und ernährt sie mit Zucker, während die Bakterien die Pflanze mit Stickstoff versorgen, den sie allein nicht aufnehmen kann.

Bei welchem Pilz in ihrer Umgebung weigern sich Pferde hin und wieder, weiterzugehen?

a) Beim Riesenschirmpilz.

b) Bei dem grünen Knollenblätterpilz.

c) Bei der Stinkmorchel.

Antwort c) ist richtig. Die Gestalt dieses Pilzes ist allen Pilzliebhabern wohlbekannt. Er strömt einen so starken Leichengeruch aus, dass z.B. Pferde sich weigern, weiterzugehen.

Tier und Pflanze

Was ist das Besondere an Mangrovenbäumen?

a) Sie dienen als Geburtsstätten viele Fischarten.

b) Sie werden ausschließlich von Insekten bewohnt.

c) Sie haben nur eine lange Wurzel.

Antwort a) ist richtig. Die Mangroven- oder Wurzelbäume kommen in tropischen Küstenregionen vor und können unter Wasser wachsen.

Was ist die „Fette Henne"?

a) Eine Sommerblume.

b) Ein übergewichtiges Huhn.

c) Eine Schmetterlingsart.

Antwort a) ist richtig. Die Fette Henne lockt im Garten sehr viele Schmetterlinge an. Ihre Blätter sind dick und fleischig und wirken fettartig glatt.

Tier und Pflanze

Welche nützliche Aufgabe erfüllt der Efeu?

   a) Er stützt altersschwache Bäume.

   b) Er vertreibt Schädlinge.

   c) Er beherbergt viele Tiere.

Antwort c) ist richtig. Entgegen landläufiger Ansichten, ist der Efeu keinesfalls ein Schmarotzer, denn er ernährt sich nicht von den Bäumen, an denen er hochwächst. Der Efeu kann über 400 Jahre leben. Er bietet einer verschiedenartigen Fauna Unterschlupf, die sofort stirbt, wenn man den Efeu entfernt.

Wie verfährt der Ginster, eine Pflanze mit gelben Blütenblättern, um sich vor Schafen zu schützen?

   a) Er kräuselt sich.

   b) Er wechselt seine Farbe.

   c) Er produziert eine Substanz, die die Muttertiere unfruchtbar macht.

Antwort c) ist richtig. Der Natur fehlt es nicht an Fantasie. Durch diesen Vorgang bleibt die Anzahl der Schafe auf einem für die Pflanze erträglichen Niveau.

Tier und Pflanze

Was tun aufgeregte Bienen in der Gegenwart von reifen Bananen?

a) Sie versuchen, auf der Banane Honig zu sammeln.

b) Sie stechen alles, was sich bewegt.

c) Sie nehmen sich gegenseitig den Honig weg.

Antwort b) ist richtig. Die reife Banane setzt einen Geruch frei, der der von den Bienen produzierten Notstandssubstanz sehr ähnlich ist. Diese Moleküle machen sie sehr aggressiv.

Welche Pflanze lässt Rehe, Hirsche und Hasen zurückschrecken?

a) Die Anemone.

b) Die Brennnessel.

c) Das Geißblatt.

Antwort a) ist richtig. 200 Milligramm des Giftes der Anemone genügen, um einen 10 kg schweren Hund zu töten! Mit anderen Worten, 30 frische Anemonen beinhalten eine tödliche Dosis. Sibirische Jäger setzten das Gift dieser Pflanze auch bei der Jagd ein.

Nachgefragt

🌀 *Wie ist die Baobabpflanze ganz auf die Bedürfnisse von Fledermäusen eingerichtet?*

(Wer die Antwort nicht mehr weiß, kann auf S. 251 nachlesen.)

🌀 *Wonach suchen Mäuse in den bodennahen Blüten der Protea-Blume?*

(Wer die Antwort nicht mehr weiß, kann auf S. 252 nachlesen.)

🌀 *Welche Auswirkung hat die Vergesslichkeit des Eichelhähers?*

(Wer die Antwort nicht mehr weiß, kann auf S. 256 nachlesen.)

Tier und Pflanze

🌀 Wie beseitigen die vom Mais angelockten Parasitwespen die lästigen Raupen?

(Wer die Antwort nicht mehr weiß, kann auf S. 259 nachlesen.)

🌀 In welchen Gebieten kann man Mangroven, eine Baumart, die unter Wasser wächst, finden?

(Wer die Antwort nicht mehr weiß, kann auf S. 251 nachlesen.)

🌀 Wie alt kann ein Efeu werden?

(Wer die Antwort nicht mehr weiß, kann auf S. 262 nachlesen.)

Reise

in die Vergangenheit

Wie alles begann

Woher kam der Sauerstoff der Uratmosphäre vor mehr als drei Milliarden Jahren?

a) Von kosmischen Winden.

b) Von Insekten.

c) Von Bakterien.

Antwort c) ist richtig. Wenn die ersten Bakterien vor drei Milliarden Jahren nicht mit der Sauerstoffproduktion begonnen hätten, wäre das Atmen nicht möglich gewesen, und das Leben außerhalb des Wassers hätte sich sicher nicht entwickeln können.

Wie viele Tage zählte ein Jahr vor 400 Millionen Jahren?

a) 400 Tage.

b) 800 Tage.

c) 1.000 Tage.

Antwort a) ist richtig. Zu dieser Zeit dauerten die Tage nur 22 Stunden. Die allmähliche Zunahme der Tagesdauer kommt von der Verlangsamung der Erdumdrehung unter dem Einfluss der Gezeiten.

Innerhalb welches Zeitraums starben die Dinosaurier aus?

a) Innerhalb von 1 Jahr.

b) Innerhalb von 100 Jahren.

c) Innerhalb von 100.000 Jahren.

Antwort c) ist richtig. Die Dinosaurier starben wie viele Tiere und Pflanzen vor 65 Millionen Jahren aus noch unerklärlichen Gründen aus. Wenn einem dieses Verschwinden in der Entwicklungsskala auch plötzlich vorkommen mag, so zog es sich doch über 100.000 Jahre dahin.

Was waren die ersten Lebewesen auf der Erde?

a) Bakterien.

b) Amöben.

c) Würmer.

Antwort a) ist richtig. Die ersten lebenden Zellen waren vermutlich die Vorfahren der heutigen Cyanobakterien und sollen vor ca. 3,8 Milliarden Jahren erschienen sein.

Wie alles begann

Wo wurde mit der Zähmung der Katze begonnen?

a) In China.

b) In Spanien.

c) In Ägypten.

Antwort c) ist richtig. Die Zähmung der Katze geht bis zum Jahr 2.500 v. Chr. zurück. Die heutige abessinische Katze gehört wahrscheinlich zu der Gattung, die am nächsten mit ihren heiligen ägyptischen Vorfahren verwandt ist.

Von welchem Tier stammen alle Hunderassen ab?

a) Vom Wolf.

b) Vom Fuchs.

c) Vom Dachs.

Antwort a) ist richtig. Die Zähmung des Wolfes begann vor über 10.000 Jahren. Der Mensch züchtete durch regelmäßige Kreuzungen die ca. 350 heute bekannten Hunderassen.

Wie alles begann

Woher stammt der Truthahn?

a) Aus Indien.

b) Aus Nordamerika.

c) Aus Australien.

Antwort b) ist richtig. Der Truthahn kommt aus Amerika. Er kam mit der Rückkehr der Forschungsreisenden aus der Neuen Welt nach Europa. Danach wurde er so ziemlich überall in der Welt gezüchtet. Tradition hat er vor allem als Thanksgiving-Braten in den USA.

Wozu sollte ursprünglich die Tomate im 16. Jahrhundert in Europa dienen?

a) Zur Schweinefütterung.

b) Zur Dekoration.

c) Zu medizinischen Zwecken.

Antwort b) ist richtig. Die Tomate wurde zunächst wegen ihrer Farbe als giftig angesehen. 250 Jahre vergingen, bevor sie auf unsere Teller gelangte.

Wie alles begann

Woher stammt der Karpfen?

a) Aus dem „Liebes-Fluss".

b) Aus dem Kaspischen Meer.

c) Aus dem Toten Meer.

Antwort a) ist richtig. Nachdem er seinen heimischen Fluss im Fernen Osten verlassen hat, ist es dem Karpfen gelungen, sich in vielen Ländern der Welt anzusiedeln.

Woher stammt der japanische Mispelstrauch, der gelbe Früchte trägt?

a) Aus Japan.

b) Aus China.

c) Aus Indonesien.

Antwort b) ist richtig. Der Wissenschaftler Thunberg entdeckte diesen Baum in Japan. Allerdings hatten die Japaner diesen Baum schon von ihren chinesischen Nachbarn eingeführt.

Wie alles begann

Von welcher Pflanze stammen alle Rosenarten ab?

a) Von der Linde.

b) Von der Heckenrose.

c) Vom Lorbeer.

Antwort b) ist richtig. Sämtliche Rosenarten, die wir kennen, wachsen nicht in der freien Natur. Sie sind durch viele Kreuzungen entstanden, die alle die gleiche Abstammung haben: die Heckenrose.

Woher stammt das Zuckerrohr?

a) Aus Afrika.

b) Aus Amerika.

c) Aus Asien.

Antwort c) ist richtig. Des Reichtums bewusst, den der Zuckerrohranbau mit sich bringen würde, entschieden sich die Portugiesen und Spanier Anfang des 17. Jahrhunderts, diese Pflanze in ihren neuen Kolonien in Amerika einzuführen.

Wie alles begann

Welche Art von Bier stellten die Ureinwohner Mittelamerikas her?

a) Maisbier.
b) Bananenbier.
c) Mohnbier.

Antwort a) ist richtig.
Beim Heiligtum am Titicacasee wurde die gekochte Maispaste gekaut, um einen Gärungsprozess auszulösen. Es konnte allerdings, nach dem Glauben der Menschen, nur der Speichel einer Jungfrau oder einer Frau, die sich jeglichen Geschlechtsverkehrs enthielt, die Gärung des Biers auslösen.

Wie heißt die letzte Eiszeit?

a) Würm.
b) Günz.
c) Skimo.

Antwort a) ist richtig. Die Würm, die letzte Eiszeit, war vor ca. 11.000 Jahren zu Ende. Die nächste Eiszeit müsste in 5.000 Jahren stattfinden.

Wie alles begann

Wie alt ist das Leben?

a) 1,1 Milliarden Jahre.
b) 3,8 Milliarden Jahre.
c) 6,6 Milliarden Jahre.

Antwort b) ist richtig. Das Leben entstand zuerst im Wasser, bevor es sich über drei Milliarden Jahre später auf dem Festland ausbreitete.

Woher kommt der Name der „empfindsamen Mimose"?

a) Von ihrer Fähigkeit, ihre Blätter einzurollen.
b) Von einer historischen Anekdote.
c) Von der Gestalt ihrer Blüten.

Antwort a) ist richtig. Empfindsame Pflanzen verfügen über einen Mechanismus, bei dem Strom durch die Zellen fließt. Dadurch wird Wasser ausgeschieden und ihre Blätter ziehen sich zusammen, um sich zu schützen.

Woher stammt die Tomate?

a) Aus Peru.

b) Aus China.

c) Aus Madagaskar.

Antwort a) ist richtig. Die Tomate wurde im 16. Jahrhundert in Peru von den Spaniern entdeckt. Infolge einer Hungersnot in Süditalien wurde diese Frucht dort erst zwei Jahrhunderte später in großen Mengen verzehrt.

Wann wird die nächste Eiszeit stattfinden?

a) In 5.000 Jahren.

b) In 50.000 Jahren.

c) In 500.000 Jahren.

Antwort a) ist richtig. Die Zeiten der Wiedererwärmung wie diejenige, die wir gerade erleben, stellen nur 10 % der Perioden der letzten zwei Millionen Jahre dar. Die übrigen 90 % bestehen aus Eiszeiten!

Wie alles begann

Was kennzeichnet den Schädel des in England entdeckten „Piltdown-Menschen"?

a) Die Größe seiner Nase.
b) Die Größe seiner Stirn.
c) Er war eine Fälschung.

Antwort c) ist richtig. Diese Fälschung wurde 1912 aus einem menschlichen Schädel und dem Kiefer eines 500 Jahre alten Orang-Utans konstruiert. Der Betrug wurde erst 40 Jahre später von den Wissenschaftlern aufgedeckt.

Was ist vor 150 Millionen Jahren auf der Erde erschienen?

a) Die ersten Pflanzen mit Blüten.
b) Die ersten Menschen.
c) Die ersten Säugetiere.

Antwort a) ist richtig. Man fand z.B. Pflanzenfossilien einer der Magnolie verwandten Gattung aus dieser Zeit auf Grönland.

Wie alles begann

Was entdeckte der Homo erectus vor 500.000 Jahren?

a) Das Rad.
b) Die Landwirtschaft.
c) Das Feuer.

Antwort c) ist richtig. Zunächst hinderte er das vom Blitz entzündete Feuer am Erlöschen, bevor er später entdeckte, wie man es selbst erzeugt.

Was ist das Durchschnittsvolumen des menschlichen Gehirns?

a) 900 cm^3.
b) 1.400 cm^3.
c) 1.900 cm^3.

Antwort b) ist richtig. Das Gehirnvolumen hat sich vom Australopithekus, unserem entfernten Vorfahren, zum heutigen Menschen verdreifacht.

Wie alles begann

Welcher Vorfahr des Menschen ist vor ca. 300.000 Jahren erschienen?

a) Der Homo kassapus.
b) Der Homo sapiens.
c) Der Homo erectus.

Antwort b) ist richtig. Der Homo sapiens ist in Afrika und im Nahen Osten erschienen, bevor er Asien, Europa und den Rest der Welt besiedelte. Wir gehören dem Homo sapiens an.

Was ist beim Vorfahren des Menschen vor fünf Millionen Jahren erschienen?

a) Das Haar.
b) Die Sprache.
c) Das Gehen auf zwei Beinen.

Antwort c) ist richtig. Das allmähliche Lernen des Gehens auf zwei Beinen machte die Hände frei für die Benutzung von Werkzeug und förderte somit die Entwicklung des Gehirns.

Wie alles begann

Wo entstand vor 10.000 Jahren eine Form von Agrarwirtschaft?

a) In Europa.

b) In Asien.

c) Im Nahen Osten.

Antwort c) ist richtig. Um aufkommende Probleme wie steigenden Nahrungsbedarf zu meistern, änderten die Jäger und Sammler ihre Gewohnheiten. Die einen wanderten in ferne Gegenden aus, die anderen blieben, um Viehzucht zu betreiben und den Boden zu kultivieren: Die Agrarwirtschaft entstand!

Was ist ein Koprolith?

a) Eine Süßwassermuschel.

b) Ein australischer Termitenhaufen.

c) Ein fossilisiertes Exkrement.

Antwort c) ist richtig. Auch die fossilisierten Exkremente, sei es von Menschen oder von Tieren, interessieren die Wissenschaftler. Sie geben nämlich wertvolle Auskünfte über die Fauna und Flora aus früheren Zeiten, aber auch über die Ernährungsgewohnheiten unserer Vorfahren.

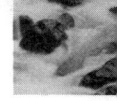

Wie alles begann

Welche Getreideart wurde als erste in China angebaut?

a) Der Reis.

b) Die Gerste.

c) Die Hirse.

Antwort c) ist richtig. Die Hirse wurde von den Chinesen vor ca. 6.000 Jahren angebaut, bevor sie nach und nach durch Reis ersetzt wurde, der vermutlich aus Indien stammt.

Wer hat die Melone entdeckt, angebaut und veredelt?

a) Die Mayas.

b) Die Aborigines aus Australien.

c) Die Ägypter.

Antwort c) ist richtig. Im wilden Zustand ist die Melone so groß wie eine Pflaume und hat wenig Geschmack. Dank den Ägyptern, die sie vor 2.500 Jahren anbauten und veredelten, wurde die Melone zu einem ausgezeichneten Obst, das heute über 60 Sorten aufweist.

Wie alles begann

Woher stammt die Erdbeere?

a) Aus Chile.

b) Aus Vietnam.

c) Aus der Mongolei.

Antwort a) ist richtig. Kapitän Frézier war der Erste, der 1713 aus Chile fünf Erdbeersetzlinge mitbrachte. Sie wurden zunächst angebaut und dann mit unseren Walderdbeeren im Pariser Pflanzengarten gekreuzt. Sie waren der Anfang der Entwicklung einer Pflanze, die heutzutage über 600 Arten vertritt.

Mit welchem Kontinent war Indien vor 200 Millionen Jahren verbunden, bevor es sich an Asien angliederte?

a) Mit Afrika.

b) Mit Amerika.

c) Mit der Antarktis.

Antwort c) ist richtig. Indien trennte sich von der Antarktis ab und verschob sich um 7.000 km, bevor es mit dem asiatischen Kontinent zusammentraf und auf diese Art das Himalajagebirge bildete.

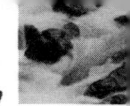

Wie alles begann

Wozu dienten fleischfressende Ameisen in China vor ca. 2.000 Jahren?

a) Um Ungeziefer abzuhalten.
b) Um Gefangene zu foltern.
c) Um Gift herzustellen.

Antwort a) ist richtig. Diese Ameisen wurden sogar auf den örtlichen Märkten gehandelt. Sie galten also damals als sehr nützlich für den Pflanzenschutz.

Woher stammen die Vorfahren des Huhns?

a) Aus Indo-Malaysien.
b) Aus Südafrika.
c) Aus Zentralamerika.

Antwort a) ist richtig. Alle Hühnerrassen, die wir heute kennen, stammen von der wilden Rasse Bankika ab, die erstmals in Indo-Malaysien vor 3.500 Jahren gezähmt wurde.

Wie alles begann

Wer sind die mutmaßlichen Erfinder der Bienenzucht?

a) Die Ägypter.

b) Der Australopithekus.

c) Die Angelsachsen.

Antwort a) ist richtig. Es wurden Darstellungen von Bienenstöcken und von der Honigernte auf den Mauern eines ägyptischen Tempels aus der Zeit von 2.400 v. Chr. gefunden.

Womit ließ man ursprünglich die Milch gerinnen, um Käse herzustellen?

a) Mit Distelsaft.

b) Mit Holzasche.

c) Mit Ziegenbockhornpulver.

Antwort a) ist richtig. Für die Herstellung von Käse wurde der Distel- oder Feigensaft allmählich durch den Lab, den Magensaft von Kälbern, und danach durch verschiedene Bakterien ersetzt.

Wie alles begann

Woher stammt die Aprikose?

a) Aus Armenien.

b) Aus China.

c) Aus Palästina.

Antwort b) ist richtig. Alexander der Große soll vor über 2.300 Jahren diese Frucht in die griechisch-römische Welt gebracht haben. Die Araber hätten danach für ihre Verbreitung im Mittelmeerbereich gesorgt.

Wie lange brauchte die Menschheit, um die Bevölkerungszahl von einer Milliarde zu erreichen?

a) 2 Millionen Jahre.

b) 40 Millionen Jahre.

c) 500 Millionen Jahre.

Antwort a) ist richtig. Es dauerte 2 Millionen Jahre, bis die Erde von einer Milliarde Menschen bewohnt wurde. Nun reichen 15 Jahre, bis die Bevölkerung von 6 auf 7 Milliarden gestiegen sein wird!

Wie alles begann

Wenn die Erde ein Jahr alt wäre, wie alt wäre die Menschheit?

a) 45 Minuten alt.

b) 15 Tage alt.

c) 2 Monate alt.

Antwort a) ist richtig. Im Vergleich wären die ersten Bakterien vor über neun Monaten erschienen. Der Mensch ist also erst seit sehr kurzer Zeit ein Teil der Erdgeschichte.

Wo erschien der Australopithekus, ein Vorfahr der Menschen?

a) In Australien.

b) In Europa.

c) In Afrika.

Antwort c) ist richtig. Der Australopithekus ist vor ca. fünf Millionen Jahren in Ostafrika erschienen. Er ging schon auf zwei Beinen. Sein Schädel war aber dreimal kleiner als der des heutigen Menschen.

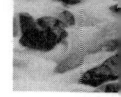

Wie alles begann

Wer hat die Erdnussbutter erfunden?

a) Die Ägypter.

b) Die Inkas.

c) Die Schimpansen.

Antwort b) ist richtig. Die aus Amerika stammende Erdnuss bildet ihre Frucht im Boden. Mit den Kernen dieser Frucht wird die vor 500 Jahren erfundene Erdnussbutter hergestellt.

Was ist ein Ammonshorn?

a) Ein giftiger Pilz.

b) Ein fossiles Weichtier.

c) Ein weiches Gestein.

Antwort b) ist richtig. Das Ammonshorn ist der Vorfahr der heutigen Nautilus, einer spiralförmigen Muschel. Es trat sehr zahlreich in den Ozeanen der Kreidezeit auf. Vor 65 Millionen Jahren, zur gleichen Zeit wie die Dinosaurier, starb es aus.

Wie alles begann

Was hat vor 65 Millionen Jahren stattgefunden?

a) Es wuchsen die ersten Pflanzen mit Blüten.

b) Viele Arten von Lebewesen starben aus.

c) Die Erde hat ihre Umlaufbahn geändert.

Antwort b) ist richtig. Am Ende der Kreidezeit und aus noch umstrittenen Gründen ist die Hälfte der Tier- und Pflanzenarten ausgestorben. In der Zeit fand auch das Reich der Dinosaurier sein Ende, zum Vorteil der Säugetiere.

Warum wurde die Brea-Ranch in den Vereinigten Staaten in der Nähe von Los Angeles berühmt?

a) Weil ihre Bewohner/-innen Tausende von Windanlagen aufstellen.

b) Weil man auf ihrem Boden Ölfelder entdeckte.

c) Weil man dort Fossilien fand.

Antwort c) ist richtig. Vor 15.000 Jahren sind Tausende von Mammuten im Teer steckengeblieben, der am Rand eines Tümpels durch den Boden hochgekommen war. So wurden über 1.600 Wölfe, 1.000 Tiger, Pferde, Faultiere und sogar Mammuts wiedergefunden!

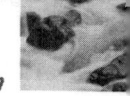

Wie alles begann

Was ist der Pangäa?

a) Die Theorie über die Erscheinung des Lebens.

b) Der einzige ursprüngliche Kontinent auf der Erde.

c) Der Hauptkamin der Vulkane.

Antwort b) ist richtig. Dieser Urkontinent hat sich vor ca. 200 Millionen Jahren zerstückelt, um die Kontinente zu bilden, die wir heute kennen.

Was waren die ersten Lebewesen auf dem Festland?

a) Pflanzen.

b) Fische.

c) Pilze.

Antwort a) ist richtig. Die Pflanzen eroberten vor über 400 Millionen Jahren den festen Boden, gefolgt von den Tieren, vor ca. 360 Millionen Jahren.

Wie alles begann

Von welcher Tierart wurden 30.000 Skelette in einer österreichischen Höhle gefunden?

a) Vom Wolf.

b) Von einer Wildkatze.

c) Vom Bären.

Antwort c) ist richtig. Mehreren Hunderten von Bärengenerationen diente diese Höhle wahrscheinlich als Unterschlupf.

Was bedeutet „Homo sapiens"?

a) Praktisch veranlagter Mensch.

b) Wissender Mensch.

c) Lachender Mensch.

Antwort b) ist richtig. Die Bezeichnung „Homo sapiens" ist aus den lateinischen Begriffen „Homo = Der Mensch" und „Sapientia = Die Weisheit, das Wissen", entstanden.

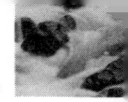

Wie alles begann

Woher stammt die Kirsche?

a) Aus Afrika.

b) Aus Südamerika.

c) Aus Asien.

Antwort c) ist richtig. Die Römer brachten die Kirsche im Jahre 73 v. Chr. nach Europa mit.

Welche Methode erfanden die Phönizier, ein Volk aus dem Altertum im Nahen Osten, um die zur damaligen Zeit sehr begehrte Purpurfarbe zu gewinnen?

a) Sie zerrieben eine Muschel.

b) Sie rieben ein Gestein.

c) Sie entzogen einer Pflanze den Saft.

Antwort a) ist richtig. Die Stachelschnecke, eine Meeresmuschel, scheidet eine violettfarbige Flüssigkeit aus, die im Altertum als Färbemittel sehr begehrt war.

Wie alles begann

Welches Tier leistete dem Menschen vor 13.000 Jahren, d.h. in der Steinzeit, Gesellschaft?

a) Das Wiesel.
b) Der Hund.
c) Die Katze.

Antwort b) ist richtig. In Skandinavien hatten die Magdalénien-Jäger damals schon den Hund gezähmt, um das Wild zu treiben und zu jagen.

Woher stammt die Gurke?

a) Aus Indien.
b) Aus Kanada.
c) Aus der Türkei.

Antwort a) ist richtig. Die Gurke wurde von den Römern und Galliern sehr geschätzt. Die Letzteren waren der Überzeugung, dass dieses Gemüse die Intelligenz steigere.

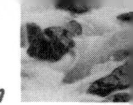

Wie alles begann

Von wo kamen die ersten menschlichen Ansiedler nach Nordamerika?

a) Von Grönland.
b) Von den pazifischen Inseln.
c) Von Sibirien.

Antwort c) ist richtig. Vor ca. 30.000 Jahren durchquerten Menschen damals die gefrorene Beringstraße von Sibirien nach Alaska. Die amerikanischen Indianer sind die Nachfahren dieser ersten Ansiedler.

Von wo kamen die ersten Ansiedler nach Australien?

a) Von Indien.
b) Von Papua-Neuguinea.
c) Von Vietnam.

Antwort b) ist richtig. Vor 36.000 Jahren war die Korallen-See trocken. Die ersten Ansiedler konnten zu Fuß von Papua-Neuguinea nach Australien gehen.

Wie alles begann

Wie hoch war schätzungsweise die menschliche Erdbevölkerung vor 8.000 Jahren?

a) 10 Millionen Erdbewohner.

b) 100 Millionen Erdbewohner.

c) 500 Millionen Erdbewohner.

Antwort a) ist richtig. Paris und seine Umgebung ist heute stärker bevölkert als die gesamte Erde vor 8.000 Jahren!

Wie hoch war die Lebenserwartung unseres Vorfahren, des Australopithekus?

a) 22 Jahre.

b) 42 Jahre.

c) 52 Jahre.

Antwort a) ist richtig. Diese Zahl kommt uns sehr niedrig vor. Bis zum 18. Jahrhundert war die menschliche Lebenserwartung aber auch nicht höher als 29 Jahre!

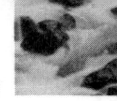

Wie alles begann

Warum wurde der in Tansania entdeckte Australopithekus von den Anthropologen „Lucy" genannt?

a) Weil die Hündin des Teams Lucy hieß.
b) Wegen eines Liedes der Beatles.
c) Zur Erinnerung an eine während der Reise verstorbene Anthropologin.

Antwort b) ist richtig. Als sie ihre Entdeckung feierten, hörten sie gerade das Lied im Radio „Lucy in the Sky with Diamonds". So benannten sie die Australopithekus-Frau nach diesem Lied.

Was erfand der deutsche Chirurg Victor von Bruns nach dem Krieg von 1870?

a) Den Zahnstocher.
b) Die Watte.
c) Das Stethoskop.

Antwort b) ist richtig. Victor von Bruns kam auf die Idee, die Baumwolle von ihren fettigen Rückständen zu befreien. Indem er das Fett mit Soda herauswusch, erhielt er ein Verbandsmaterial, das sowohl saugfähig als auch hygienisch war.

Nachgefragt

⊚ *Welche interessanten Informationen können Wissenschaftler aus Koprolithen herauslesen?*

(Wer die Antwort nicht mehr weiß, kann auf S. 280 nachlesen.)

⊚ *Wie heißt der entfernte Verwandte des heutigen Menschen?*

(Wer die Antwort nicht mehr weiß, kann auf S. 286 nachlesen.)

⊚ *Wann starb das Ammonshorn aus?*

(Wer die Antwort nicht mehr weiß, kann auf S. 287 nachlesen.)

Wie alles begann

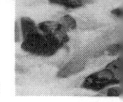

🅖 *Welche Organismen waren schon lange vor dem Menschen auf der Erde?*

(Wer die Antwort nicht mehr weiß, kann auf S. 289 nachlesen.)

🅖 *Wer brachte die Kirsche aus Asien nach Europa?*

(Wer die Antwort nicht mehr weiß, kann auf S. 291 nachlesen.)

🅖 *Was hat ein bekannter Song der Beatles mit dem Australopithekus zu tun?*

(Wer die Antwort nicht mehr weiß, kann auf S.295 nachlesen.)

Höher,

schneller, weiter

Unglaubliche Rekorde

Welches Tier ist das schnellste der Welt?

a) Der Segelschwertfisch.

b) Der Gepard.

c) Der Wanderfalke.

Antwort c) ist richtig. Der Gepard und der Segelschwertfisch können auf kurzen Strecken eine Geschwindigkeit von 110 km/Std. erreichen. Den Geschwindigkeitsrekord hält der Wanderfalke mit 360 km/Std. im Sturzflug.

Wo befinden sich die längsten Algen der Welt?

a) In der Schweiz.

b) In Kalifornien.

c) In Argentinien.

Antwort b) ist richtig. Der Macrocystis, auch Riesentang des Pazifiks genannt, wächst zum Teil in 25 m Tiefe und kann fast 100 m lang werden, was der Länge eines Fußballfeldes entspricht!

Unglaubliche Rekorde

Welches Tier kann an einem Tag 700 km zurücklegen?

a) Der Elch.

b) Der Walhai.

c) Der Brüllalbatros.

Antwort c) ist richtig. Er verfügt über eine Flügelweite von 3,60 m, die breiteste des Tierreichs. Der Brüllalbatros lässt sich von den Windströmen über außerordentliche Distanzen tragen!

Welches Vogelherz schlägt am schnellsten?

a) Das des Kampfläufers.

b) Das des Goldhähnchens.

c) Das des Kolibris.

Antwort c) ist richtig. Der Kolibri macht 30 bis 60, manchmal sogar 200 Flügelschläge pro Sekunde. Das stark beanspruchte Herz schlägt 700- bis 1.200-mal in der Minute!

Unglaubliche Rekorde

Wo auf der Erde wurde die niedrigste Temperatur gemessen?

a) In Sibirien.

b) In der Antarktis.

c) Auf Grönland.

Antwort b) ist richtig. Auf dem russischen Stützpunkt von Vostok, in der Antarktis, wurde am 21. Juli 1983 eine Temperatur von minus 89,2° Celsius gemessen.

Welcher Fluss hält den Rekord an Überschwemmungen?

a) Der Nil.

b) Der Gelbe Fluss.

c) Der Mississippi.

Antwort b) ist richtig. In den letzten 3.500 Jahren ist der Gelbe Fluss 1.500-mal über die Ufer getreten und hat 25-mal seinen Lauf und seine Mündung gewechselt!

Unglaubliche Rekorde

Welcher Vogel hat die größte Flügelspannweite?

a) Der Andengeier.
b) Der Brüllalbatros.
c) Der Marabu.

Antwort b) ist richtig. Im Gegensatz zu der verbreiteten Vorstellung ist der Andengeier nicht der Vogel mit der größten Flügelweite. Mit ausgestreckten Flügeln erreicht der erwachsene Brüllalbatros 3,60 m, der Marabu hingegen 3,30 m und der Andengeier 3,20 m.

Wofür ist Bracken Cave, eine Höhle in Texas, bekannt?

a) Es ist die größte Mülldeponie für radioaktiven Abfall.
b) Sie beherbergt die letzten Exemplare einer Schmetterlingsart.
c) Sie beherbergt 20 Millionen Fledermäuse.

Antwort c) ist richtig. Die 20 Millionen erwachsenen Fledermäuse dieser Höhle fangen jede Nacht nahezu 100 Tonnen Insekten!

Unglaubliche Rekorde

Welcher Vogel legt Entfernungen von 17.000 km zurück?

a) Die Lachmöwe.

b) Die arktische Schwalbe.

c) Die Ente.

Antwort b) ist richtig. Die arktische Schwalbe wandert jedes Jahr zwischen der Arktis und der Antarktis hin und her, was eine Strecke von 34.000 km bedeutet!

Welches Tier besitzt den schnellsten Muskel?

a) Die Klapperschlange.

b) Der Kolibri.

c) Der Krötenfisch.

Antwort c) ist richtig. Der Krötenfisch verfügt über einen Blasenmuskel, der sich 200-mal pro Sekunde zusammenziehen kann. Das löst im Wasser Schwingungen aus, die dem Ton einer Schiffssirene ähneln. Dadurch versuchen vor allem die Männchen, die Weibchen anzulocken.

Unglaubliche Rekorde

Welches Tier kann ein Jahr lang in Gefangenschaft leben, ohne sich zu ernähren?

a) Die Boa.
b) Der Rabe.
c) Das Krokodil.

Antwort a) ist richtig. Damit ist die Boa ein sehr ausdauerndes Tier und kann auch magere Zeiten gut überstehen.

Wie heißt die größte bekannte Schildkröte?

a) Die Lederschildkröte.
b) Die griechisch-romanische Schildkröte.
c) Die Schildkröte der Galapagosinseln.

Antwort a) ist richtig. Die Lederschildkröte wird bis zu 2 m groß und wiegt bis zu 800 kg. Leider haben die menschlichen Aktivitäten zum allmählichen Aussterben dieser Art geführt.

Unglaubliche Rekorde

Welche ist die längste Schlange?

a) Der Python Reticulatus.

b) Der Python Monthy.

c) Der Python Varticus.

Antwort a) ist richtig. Diese Netzschlange, die ihre Beute erstickt, bevor sie sie hinunterschluckt, weist ziemlich eindrucksvolle Maße auf: Sie ist 10 m lang, hat 60 cm Umfang und 150 kg Muskeln. Das raubt einem den Atem!

Wo lebt die größte Spinne der Welt?

a) In Südamerika.

b) In Papua-Neuguinea.

c) In Gabun.

Antwort a) ist richtig. Die größte Spinne der Welt ist eine am Amazonas lebende Vogelspinne. Die Indianer lassen sich von dieser behaarten bis 125 Gramm schweren Kreatur überhaupt nicht abschrecken und verzehren sie wie ein gutes Steak.

Unglaubliche Rekorde

Was kennzeichnet den afrikanischen Lungenfisch, eine uralte Fischart?

a) Er kann vier Jahre lang im Trockenen überleben.
b) Er hat Hörner.
c) Er hat zwei Pfoten.

Antwort a) ist richtig. Am Ende der Regenzeit vergräbt sich der afrikanische Lungenfisch im Schlamm und atmet mit seinen zwei Lungen. Er scheidet Schleim aus, der einen Kokon bildet, in dem er jahrelang überleben kann.

Auf welcher Pflanze wächst die kleinste Blüte der Welt?

a) Auf einer Orchidee.
b) Auf einem Kaktus.
c) Auf einer Wasserlinse.

Antwort c) ist richtig. Die kleinste Blüte der Welt hat einen Durchmesser von nur 0,3 mm und wächst auf einer winzigen Wasserlinse ohne Wurzeln.

Wie heißt der schnellste Fisch der Welt?

a) Hammerfisch.
b) Delfin.
c) Segelträger.

Antwort c) ist richtig. Diese Art von Schwertfisch kann eine Länge von bis zu 3,50 m erreichen. Er verfügt über eine sehr große Rückenflosse und kann damit eine Spitzengeschwindigkeit von ca. 100 km/Std. erreichen!

Was hat die Hündin Laïka berühmt gemacht?

a) Sie rettete 15 Menschen.
b) Sie war die erste Hündin im Weltraum.
c) Sie lief 800 km, um ihren Herrn wiederzufinden.

Antwort b) ist richtig. Die UdSSR schickte 1957 die Hündin Laïka an Bord des Satelliten Sputnik 2 ins All. So konnten die Wissenschaftler die physiologischen Veränderungen erforschen, die im Körper von Säugetieren während eines Fluges im Weltraum stattfinden.

Unglaubliche Rekorde

Womit gewinnt man die schönsten Perlen?

a) Mit weißen Sandkörnern.

b) Mit Eierschalenstücken.

c) Mit Seewurmlarven.

Antwort c) ist richtig. Die Finnen, so nennt man bestimmte nicht ausgewachsene Bandwurmarten, leben im Darm der Rochen. Es kommt vor, dass eine ihrer Larven sich in eine Auster einschleicht. Daraus bildet sich eine Perle, die in der Regel schöner ist als die aus Sandkörnern entstandenen Perlen.

Was verursachte den größten Knall, der je von Menschen gehört wurde?

a) Die Explosion einer Atombombe.

b) Ein Vulkanausbruch.

c) Der Start einer amerikanischen Rakete.

Antwort b) ist richtig. Am 27. August 1883 flog die indonesische Insel Krakatau in die Luft. Der Knall dieser Explosion, die vom Ausbruch des Vulkans Danan herrührte, wurde in 5.000 km Entfernung noch gehört. Die Eruption verursachte eine riesige Sturmflut, die 35.000 Menschen das Leben kostete.

Unglaubliche Rekorde

Welche Baumart ist die älteste der Welt?

a) Die Tanne.

b) Die Zypresse.

c) Der Ginkgo.

Antwort c) ist richtig. Der Ginkgo ist neben dem Kycas ein richtiges lebendes Fossil, weil er schon vor 200 Millionen Jahren die Erde bewohnte. In Zentralchina wächst er noch in wildem Zustand.

Welche ist eine der ältesten bekannten Blumen?

a) Die Magnolie.

b) Die Rose.

c) Die Lilie.

Antwort a) ist richtig. Die Magnolie ist vor über 110 Millionen Jahren erschienen. Magnolien-Fossilien aus dieser Zeit wurden hauptsächlich auf Grönland gefunden.

Unglaubliche Rekorde

Welcher ist der älteste Nationalpark der Welt?

a) Der Naturschutzpark des Bergzuges Vanoise in Frankreich.

b) Der Naturschutzpark von Yellowstone in den Vereinigten Staaten.

c) Der Naturschutzpark von Nikolo-Koba im Senegal.

Antwort b) ist richtig. Dieser Park wurde 1872 in Wyoming gegründet. Er schützt vor allem die Nachkommenschaft der Bisons, die im 19. Jahrhundert die von den weißen Ansiedlern verübten Massaker überlebt hatten.

Welches ist die am schnellsten wachsende Pflanze?

a) Der Bambus.

b) Der Eukalyptus.

c) Die Pappel.

Antwort a) ist richtig. In einer Phase gesunden Wachstums kann das Bambusrohr an einem Tag 90 cm wachsen!

Unglaubliche Rekorde

Was ist der größte Baum der Welt?

a) Der Himmelsherold.

b) Die Sequoia.

c) Der Affenbrotbaum.

Antwort b) ist richtig. Die riesige Sequoia wächst in Kanada und den Vereinigten Staaten. Die höchsten sind 112 m hoch. Das ist mehr als die Länge eines Fußballfeldes.

Was ist das kleinste bekannte Säugetier?

a) Eine Fledermaus.

b) Ein Pinseläffchen.

c) Eine Maus.

Antwort a) ist richtig. Die Hummelfledermaus wiegt nur eineinhalb Gramm! Sie untertrifft noch knapp die etruskische Spitzmaus, die zwei Gramm schwer ist.

Unglaubliche Rekorde

Wie heißt der größte Frosch der Welt?

a) Der Goliath-Frosch.

b) Der David-Frosch.

c) Der Philistin-Frosch.

Antwort a) ist richtig. Dieser Frosch ist bis zu 36 cm lang und 3,6 kg schwer.

Was ist das größte Säugetier der Erde nach dem Elefant?

a) Das Nilpferd.

b) Das Weiße Nashorn.

c) Der Büffel.

Antwort b) ist richtig. Das Weiße Nashorn wiegt bis zu drei Tonnen, ist 4 m lang und 2 m hoch. Leider wurde dieses wunderschöne Tier wegen seines Horns gejagt, dem man eine medizinische Wirkung nachsagt. Es sind nur noch ca. 1.000 Exemplare in freier Wildbahn übrig.

Unglaubliche Rekorde

Woher stammt die Kartoffel?

a) Aus Ägypten.

b) Aus der Türkei.

c) Aus Peru.

Antwort c) ist richtig. Bevor sie zu einer unserer Lieblingsspeisen wurde, war die Kartoffel lange den Schweinen vorbehalten!

Wie heißt der tiefste See der Welt?

a) Der Michigansee in Amerika.

b) Der Victoriasee in Afrika.

c) Der Baikalsee in Sibirien.

Antwort c) ist richtig. Er ist 639 km lang, 79 km breit und seine maximale Tiefe ist 1.620 m, was der Durchschnittstiefe des Mittelmeers entspricht!

Unglaubliche Rekorde

Welcher Ozean ist der tiefste?

a) Der Indische Ozean

b) Der Pazifische Ozean.

c) Der Atlantische Ozean.

Antwort b) ist richtig. Der Pazifische Ozean bedeckt fast ein Drittel der gesamten Erdoberfläche und hat eine Durchschnittstiefe von 4.000 Metern.

Wie heißt der tiefste Ozeangraben?

a) Marianen-Graben.

b) Mist-Graben.

c) Tonka-Graben.

Antwort a) ist richtig. Der Marianen-Graben liegt östlich der Philippinen 11.033 m tief unter dem Meeresspiegel.

Unglaubliche Rekorde

In welchem Land befindet sich die größte Blüte der Welt?

a) In Brasilien.

b) Im Kongo.

c) In Indonesien.

Antwort c) ist richtig. Die „Rafflesia arnoldii" ist eine auf der Insel Sumatra wachsende Pflanze. Ihre Blüten können einen Durchmesser von 90 cm erreichen.

Welches Tier produziert die meisten Eier?

a) Die Qualle.

b) Der Seeigel.

c) Die Riesenmuschel.

Antwort c) ist richtig. Die Riesenmuschel, ein großes Weichtier, kann fast eine Milliarde Eier auf einmal freisetzen!

Unglaubliche Rekorde

Wo befindet sich der größte Meteoritenkrater auf der Erde?

c) In Sibirien.

b) In Australien.

c) In Arizona.

Antwort c) ist richtig. Der „Meteor-Krater" wurde 1891 entdeckt. Er ist 1.200 m breit, 180 m tief und müsste ca. 5.000 Jahre alt sein.

In welchem Land ist das größte bekannte Hagelkorn gefallen?

c) Auf den Malediven.

b) In Russland.

c) In China.

Antwort c) ist richtig. Das größte bekannte Hagelkorn ist in China gefallen und wog 4,3 Kilogramm! Das haut selbst den stärksten Mann um!

Welches ist der älteste Baum der Welt?

a) Die Great Basin Grannenkiefer in Kalifornien.
b) Der Mammut Baum im Sequoia-Park in der Sierra Nevada.
c) Die Femeiche im Naturpark Hohemark.

Antwort a) ist richtig. Diese Nadelbäume sind über 4.900 Jahre alt, manche Sequoia, auch Mammutbäume genannt, sind über 2.000 Jahre alt. Mit 1.500 Jahren ist die Femeiche der älteste Baum Deutschlands.

Welche Kirche trägt den höchsten Kirchturm der Welt?

a) Der Petersdom zu Rom.
b) Das Münster zu Ulm.
c) Der Dom zu Köln.

Antwort b) ist richtig. Das ab 1377 erbaute spätgotische Ulmer Münster besitzt mit 161,5 Metern Höhe den höchsten christlichen Kirchturm der Welt. Höchster Sakralbau ist jedoch mit 200 Metern Höhe das Minarett der im 20. Jahrhundert errichteten Moschee „Hassan II" in Casablanca.

Unglaubliche Rekorde

Welches Lebewesen besitzt das proportional schwerste Gehirn von allen?

    a) Der Elefant.

    b) Der Rüsselfisch.

    c) Der Mensch.

Antwort b) ist richtig. Vor kurzem wurde entdeckt, dass das Gehirn des afrikanischen Rüsselfisches, der ein Magnetfeld bilden kann, proportional schwerer ist als das des Menschen. Dieser Fisch verfügt über ein riesiges Kleinhirn.

Welcher Fluss ist der längste der Welt?

    a) Der Nil.

    b) Der Amazonas.

    c) Der Gelbe Fluss.

Antwort b) ist richtig. Der Amazonas hat seine Quelle in den Anden, fließt von Westen nach Osten durch Südamerika, bevor er etwa 7.000 Kilometer weiter in den Atlantik mündet.

Nachgefragt

🌀 *Welche Höchstgeschwindigkeit erreicht das schnellste Tier der Welt, der Wanderfalke?*

(Wer die Antwort nicht mehr weiß, kann auf S. 300 nachlesen.)

🌀 *Wie überlebt der afrikanische Lungenfisch, wenn die Regenzeit vorbei ist und eine lange Trockenperiode beginnt?*

(Wer die Antwort nicht mehr weiß, kann auf S. 307 nachlesen.)

🌀 *Wie kommt es, dass manchmal Seewurmlarven den Kern einer (besonders schönen) Perle bilden?*

(Wer die Antwort nicht mehr weiß, kann auf S. 309 nachlesen.)

Unglaubliche Rekorde

◎ **Um welche Länge kann ein Bambusrohr an einem Tag bestenfalls wachsen?**

(Wer die Antwort nicht mehr weiß, kann auf S. 311 nachlesen.)

◎ **Welche Maus hat ein Gewicht von etwa 2 Gramm?**

(Wer die Antwort nicht mehr weiß, kann auf S. 312 nachlesen.)

◎ **Wodurch zeichnet sich das Gehirn des afrikanischen Rüsselfisches aus?**

(Wer die Antwort nicht mehr weiß, kann auf S. 319 nachlesen.)

Feurig

und funkelnd

Vulkane,
Stürme,
Galaxien

Vulkane, Stürme und Galaxien

Welches dieser Ereignisse setzte die größte Energiemenge frei?

a) Der Ausbruch des Tambora-Vulkans.

b) Die Explosion der Atombombe in Hiroshima.

c) Die Explosion des amerikanischen Space Shuttles „Challenger".

Antwort a) ist richtig. Der Ausbruch des Tambora-Vulkans im Jahre 1815 war 6 Millionen Mal stärker als die Hiroshima-Bombe im Jahre 1945.

Wie lange braucht das Sonnenlicht, um die Erde zu erreichen?

a) 8 Sekunden.

b) 8 Minuten.

c) 8 Stunden.

Antwort b) ist richtig. Das Sonnenlicht bewegt sich mit einer Geschwindigkeit von 300 000 km pro Sekunde fort. Insofern gelangt das Sonnenlicht schnell zur Erde, wenn man bedenkt, dass das Licht von sehr weit enfernten Galaxien mehrere Milliarden Jahre braucht, um uns zu erreichen!

Vulkane, Stürme und Galaxien

Wie groß ist die Lichtgeschwindigkeit?

a) 300 000 km pro Sekunde.

b) 300 000 km pro Minute.

c) 300 000 km pro Stunde.

Antwort a) ist richtig. Das Licht, das von der 150 Millionen km von der Erde entfernten Sonne ausgestrahlt wird, braucht also nur 8 Minuten, um uns zu erreichen.

Aus welchem Bestandteil bestehen drei Viertel der Masse des Universums?

a) Aus Wasserstoff.

b) Aus Sauerstoff.

c) Aus Kohlenstoff.

Antwort a) ist richtig. Wasserstoff ist der am reichlichsten vorhandene Bestandteil des Universums. Wasserstoff und Helium bildeten sich als erste chemische Substanzen 400.000 Jahre nach der Entstehung des Weltalls. Die anderen Bestandteile wurden von den Sternen erst viel später produziert.

Vulkane, Stürme und Galaxien

Woher kommt hauptsächlich das im Meerwasser enthaltene Salz?

a) Von der Zersetzung der Meerestiere.

b) Von den unterseeischen Vulkanen.

c) Vom durch Regenwasser ausgelaugten Gestein.

Antwort c) ist richtig. Der Regen entzieht dem Gestein seine Mineralien wie Chlor, Natrium oder Calcium. Das mineralstoffangereicherte Wasser fließt nun in die Flüsse, die wiederum zum Meer fließen.

Was ist die Eigenschaft des Gases Radon?

a) Es ist schwerer als Wasser.

b) Man kann sich davon ernähren.

c) Es ist krebserregend.

Antwort c) ist richtig. Radon ist ein von Natur aus radioaktives, in bestimmten Felsgesteinen vorhandenes Gas. In Regionen wie Cornwall in Großbritannien, wo Radon in großen Mengen zu finden ist, wird eine relativ hohe Krebsrate festgestellt.

Vulkane, Stürme und Galaxien

Wie hoch über den Meeresspiegel erheben sich die Landflächen der Erde im Durchschnitt?

a) 840 m.

b) 1.100 m.

c) 1.950 m.

Antwort a) ist richtig. Die Ozeane haben eine Durchschnittstiefe von 3.800 m.

Wie alt ist die Erde?

a) 3,8 Milliarden Jahre.

b) 4,6 Milliarden Jahre.

c) 15 Milliarden Jahre.

Antwort b) ist richtig. 3,8 Milliarden Jahre entsprechen dem Alter des Lebens und 15 Milliarden Jahre dem Alter des Universums.

Vulkane, Stürme und Galaxien

Welches Land erleidet die meisten Erdbeben?

a) Türkei.
b) Chile.
c) Japan.

Antwort c) ist richtig. Japan liegt zwischen den tektonischen Platten Asiens, der Philippinen und des Pazifik. Ein Zehntel der seismischen Aktivität auf der Erde findet dort statt.

Wann hat die katholische Kirche Galilei und sein Werk über Sternkunde aus dem Jahre 1633 rehabilitiert?

a) 1792.
b) 1892.
c) 1992.

Antwort c) ist richtig. Es dauerte 359 Jahre bis die Kirche eingestand, dass die Erde sich doch um die Sonne dreht. Diese Entdeckung war lange als unannehmbar verurteilt worden, weil sie das Prinzip des Menschen als Zentrum des Universums in Frage stellte.

Vulkane, Stürme und Galaxien

Wie nennt man die Skala, mit der die Windstärke gemessen wird?

a) Roquefort.

b) Beaufort.

c) Harzer.

Antwort b) ist richtig. Admiral Beaufort erstellte 1806 eine Skala, nummeriert von 0 bis 12, mit der heute noch die Windstärke gemessen wird: 0 entspricht ruhigem Wetter und 12 einem Wirbelsturm.

Wie entwickelt sich die Temperatur zwischen 11.000 und 20.000 m Höhe?

a) Sie sinkt.

b) Sie bleibt gleich niedrig.

c) Sie steigt.

Antwort b) ist richtig. Die Temperatur zwischen 11.000 und 20.000 m Höhe bleibt bei minus 57° Celsius. Sie steigt dann in 40.000 m Höhe auf minus 22° Celsius an.

Vulkane, Stürme und Galaxien

Wie heißen die Platten in der Erdkruste, die Erdbeben auslösen?

a) Heortologie-Platten.
b) Teknoblike Platten.
c) Tektonische Platten.

Antwort c) ist richtig. Diese Platten schwimmen auf dem Magma des Erdmantels und können sich von mehreren Millimetern bis zu mehreren Zentimetern pro Jahr bewegen.

Was ist an den Felsen in der Wüste von Racetrack in Kalifornien eigenartig?

a) Sie bewegen sich von allein.
b) Es sind Magnetsteine.
c) Sie enthalten eine Alge, die es nirgendwo anders gibt.

Antwort a) ist richtig. Dieses natürliche Phänomen, das wie ein Ulk erscheinen mag, konnte noch immer nicht geklärt werden. Weder der Wind noch der Regen noch Eis scheinen in der Lage zu sein, diese Felsen von ihrem Bewegungsdrang abzuhalten!

Vulkane, Stürme und Galaxien

Was ist das Besondere am See des „grünen Kraters", eines östlich der Insel Java liegenden Vulkans in Indonesien?

a) Er ist rot.
b) Er ist der höchste See der Welt.
c) Er hat einen extrem hohen Säuregehalt.

Antwort c) ist richtig. Wasser sickert in den Boden des Kraters und spült die in den Vulkanablagerungen befindlichen Säuren in den See. Dieser See enthält heute 600.000 Tonnen Salzsäure und 550.000 Tonnen Schwefelsäure.

Was ist am Toten Meer eigenartig?

a) Es liegt unter dem Ozeanspiegel.
b) Sein Wasser ist schwarz.
c) Sein Wasser ist leicht süßlich.

Antwort a) ist richtig. Das Tote Meer liegt zwischen Jordanien und Israel. In der Tat ist es ein sehr salziger See, dessen Oberfläche 390 m unter dem Meeresspiegel liegt.

Vulkane, Stürme und Galaxien

Wie nennt man einen sehr massereichen Stern, der bei seinem Vergehen explodiert?

a) Eine Sternschnuppe.

b) Eine schwarze Sonne.

c) Eine Supernova.

Antwort c) ist richtig. Eine Supernova setzt bei ihrem Aufgehen sehr viel Energie frei und wirft dabei eine große Menge chemischer Bestandteile ins Universum.

Welcher Planet liegt der Sonne am nächsten?

a) Der Merkur.

b) Die Venus.

c) Der Saturn.

Antwort a) ist richtig. Der Merkur befindet sich 57 Millionen km von der Sonne entfernt. Die Temperatur auf diesem Planeten liegt bei ca. 350° Celsius.

Vulkane, Stürme und Galaxien

Was ist ein Pulsar?

a) Ein Neutronenstern.
b) Ein sehr gefährlicher Virus.
c) Eine Hunderasse.

Antwort a) ist richtig. Der Pulsar entsteht durch die Implosion einer Supernova. Mit ca. 10 km Durchmesser und einer sehr hohen Dichte dreht sich der Pulsar mit einer erstaunlich hohen Geschwindigkeit um sich selbst.

Wie heißen die Partikel, die ständig unseren Körper durchqueren?

a) Die Neutrinos.
b) Die Klakos.
c) Die Punktos.

Antwort a) ist richtig. Die Neutrinos werden von den Sternen mit einer ähnlich hohen Geschwindigkeit wie das Licht ausgestrahlt. Jede Sekunde durchdringen diese Elementarteilchen unseren Körper, ohne dass wir es wahrnehmen.

Vulkane, Stürme und Galaxien

Wie schnell bewegt sich die Erde um die Sonne?

a) Mit 11 km/Std.

b) Mit 1.100 km/Std.

c) Mit 110.000 km/Std.

Antwort c) ist richtig. Das ganze Sonnensystem bewegt sich selbst in der Galaxie mit einer Geschwindigkeit von 900.000 km/Std.!

Was kennzeichnet das in den Eisbergen enthaltene Süßwasser in der Antarktis?

a) Es ist vor 250.000 Jahren als Regen vom Himmel gefallen.

b) Es enthält viel Blei.

c) Es enthält viel Silber.

Antwort a) ist richtig. Zwischen der Zeit, in der Wasser als Schnee fällt, und dem Moment, in dem es sich in einem Eisberg kristallisiert, vergeht eine erheblich lange Zeit. Die heutigen Eisberge bestehen also aus Wasser, das zu der Zeit gefallen ist, in der nur ein paar Zehntausende der Vorfahren des Menschen lebten.

Welche Form haben die meisten Galaxien?

a) Die einer Spirale.
b) Die eines Trapezes.
c) Die einer Ellipse.

Antwort a) ist richtig. 60 % der bekannten Galaxien haben die Form einer Spirale. 20 % sind linsenförmig, und 15 % haben eine elliptische Form. Die übrigen Galaxien haben unregelmäßige, eigenartige Formen.

Welche Art Reaktionen finden im Sternzentrum statt?

a) Elektrostatische Reaktionen.
b) Thermonukleare Reaktionen.
c) Chemophotonische Reaktionen.

Antwort b) ist richtig. Wenn die Temperatur und der Druck in der Gaswolke extrem hoch werden, werden thermo-nukleare Reaktionen als Kernfusion ausgelöst und der Stern beginnt zu leuchten.

Vulkane, Stürme und Galaxien

In welchen Zeitabständen erscheint der Halleysche Komet?

a) Alle 39 Jahre.

b) Alle 77 Jahre.

c) Alle 159 Jahre.

Antwort b) ist richtig. Der Name dieses Kometen kommt von dem britischen Astronomen Edmund Halley, der als Erster sein regelmäßiges Erscheinen bemerkte und 1705 seine Umlaufbahn berechnete.

Was haben die Chinesen im Juli 1054 explodieren sehen?

a) Das erste Schiff aus Europa.

b) Eine Supernova.

c) Die erste Pulverkanone.

Antwort b) ist richtig. Diese Supernova stürzte in sich selbst zusammen und bildete den Krebs-Nebel, der im Sternbild des Stieres zu sehen ist.

Vulkane, Stürme und Galaxien

Wie viele Planeten gibt es in unserem Sonnensystem?

a) 9.
b) 18.
c) 27.

Antwort a) ist richtig. All diese Planeten drehen sich mit verschiedenen Geschwindigkeiten um die Sonne. Pluto, der am weitesten entfernte Planet, braucht ungefähr 250 Jahre, um eine ganze Umdrehung auszuführen.

Wie bilden sich Kometenschweife?

a) Mit Hilfe von Sonnenstrahlen.
b) Durch Reibung mit der Luft.
c) Durch Mondgase.

Antwort a) ist richtig. Von den Sonnenstrahlen erwärmt, verdampfen die Bestandteile eines Kometen und bilden in der entgegengesetzten Richtung zur Sonne einen Schweif aus Staub und einen aus Gas.

Wie alt ist das Universum?

a) 4,6 Milliarden Jahre.

b) 15 Milliarden Jahre.

c) 150 Milliarden Jahre.

Antwort b) ist richtig. Vor 15 Milliarden Jahren hat sich das Universum plötzlich ausgedehnt. Es ist der berühmte "Big-Bang" oder Urknall. Seitdem dehnt es sich weiter aus und kühlt dabei auch ab.

Wie hoch ist die Durchschnittstemperatur auf der Erdoberfläche?

a) 15° Celsius.

b) 18° Celsius.

c) 20° Celsius.

Antwort a) ist richtig. Die Milde und Stabilität dieser Temperatur werden von der Erdatmosphäre begünstigt.

Vulkane, Stürme und Galaxien

Wie dick ist die Eisschicht im Durchschnitt in der Antarktis?

a) 2,1 km.
b) 5,1 km.
c) 12 km.

Antwort a) ist richtig. Die aufeinanderliegenden Schichten geben uns Auskunft über die Klimaentwicklung und die Zusammensetzung der Atmosphäre seit Tausenden von Jahren. Sie stellen also ein richtiges Gedächtnis des Planeten dar.

Wie verhält sich Schall im Wasser?

a) Er bewegt sich schneller als in der Luft.
b) Er bewegt sich langsamer als in der Luft.
c) Er bewegt sich genauso schnell wie in der Luft.

Antwort a) ist richtig. Im Wasser bewegt sich ein Laut mit einer Geschwindigkeit von 1.425 m pro Sekunde fort, während seine Geschwindigkeit in der Luft nur 340 m pro Sekunde erreicht.

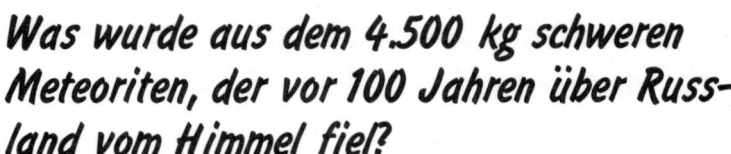

Vulkane, Stürme und Galaxien

Was wurde aus dem 4.500 kg schweren Meteoriten, der vor 100 Jahren über Russland vom Himmel fiel?

a) Beim Kontakt mit Wasser löste er sich auf.
b) Es wurde eine Stalinstatue daraus gemacht.
c) Er wurde aufgegessen.

Antwort c) ist richtig. Als Moskauer Wissenschaftler sich daran machten, den hundertsten Jahrestag des Meteoriten gebührend zu feiern, mussten sie leider gewahr werden, dass die örtliche Bevölkerung ihn zu Pulver zerrieben, in Lebensmittel eingearbeitet und so verspeist hatte! Man glaubte dort fest an eine medizinische Wirkung des Steines.

Welches ist das im Verhältnis zu seiner Oberfläche am meisten bewaldete Land Europas?

a) Frankreich.
b) Schweden.
c) Deutschland.

Antwort b) ist richtig. Dieses Land ist zu circa 60 % bewaldet. Leider haben die schwedischen Wälder sehr unter dem sauren Regen gelitten.

Vulkane, Stürme und Galaxien

Was wird den Niagarafällen in 25.000 Jahren zustoßen?

a) Sie werden tiefgefroren sein.
b) Sie werden 3-mal tiefer sein.
c) Sie werden verschwunden sein.

Antwort c) ist richtig. Das Wasser erodiert nach und nach das Gestein dieser Wasserfälle, das innerhalb von 10.000 Jahren bereits um 11 km zurückgewichen ist. In 25.000 Jahren wird das letzte Wasser der Niagarafälle in den Eriesee geflossen sein, der sich allmählich entleeren wird.

Wie viel Prozent des Süßwassers der Erde ist in der Antarktis enthalten?

a) 40 %.
b) 50 %.
c) 90 %.

Antwort c) ist richtig. 1977 schlug der sich auf Forschungsreise befindende Paul Emile Victor vor, einen Eisberg von der Antarktis nach Saudi-Arabien zu schleppen, um dem Land Süßwasser zu liefern. Wegen Geldmangel wurde dieses Projekt jedoch aufgegeben.

Welcher Prozentsatz an Licht erreicht den Boden in den tropischen Regenwäldern?

a) 1 %.
b) 10 %.
c) 30 %.

Antwort a) ist richtig. Dieser Lichtmangel erklärt, warum sich so viele Pflanzen- und Tierarten auf den Baumgipfeln ansiedeln.

Welche war eine der letzten von Menschen eroberte Insel?

a) Neuseeland.
b) Japan.
c) Madagaskar.

Antwort a) ist richtig. Neuseeland wurde sehr spät, im 19. Jahrhundert, von den Maoris, einem Volk der Pazifischen Inseln, besiedelt.

Welches chemische Element färbt den Smaragd grün und den Rubin rot?

a) Chrom.

b) Kobalt.

c) Silizium.

Antwort a) ist richtig. Ein chemischer Bestandteil kann bereits in geringer Menge die Farbe von Kristallen erheblich verändern.

Wie viel Prozent der Weltoberfläche nehmen die Ozeane ein?

a) 47 %.

b) 66 %.

c) 71 %.

Antwort c) ist richtig. Nicht umsonst wird die Erde „der blaue Planet" genannt.

Vulkane, Stürme und Galaxien

Welche Aussage trifft für den europäischen und amerikanischen Kontinent zu?

    a) Sie gewinnen jährlich — im Gegensatz zu den anderen Kontinenten — einige Meter neues Land an ihren Küsten.

    b) Sie rücken jedes Jahr ein paar Zentimeter auseinander.

    c) Sie werden von den Kontinenten der südlichen Erdhälfte pro Jahr ein paar Zentimeter Richtung Nordpol geschoben.

Antwort b) ist richtig. Diese Bewegung entsteht durch die Bildung neuer Erdrinden am Grund des Atlantischen Ozeans.

Welche Eigenschaft trifft auf die Magnetfelder der Erde zu?

    a) Sie können sich umpolen.

    b) Sie wandern alle in Richtung des Äquators.

    c) Sie verlieren des öfteren für ein paar Sekunden ihre Magnetkraft.

Antwort a) ist richtig. Die Richtung der Magnetfelder hat sich im Laufe der geologischen Zeiten öfter geändert. Sie polt sich regelmäßig nach mehreren hunderttausend Jahren um.

Vulkane, Stürme und Galaxien

Wie wird die Aufeinanderfolge der Frost- und Wiedererwärmungszeiten erklärt?

a) Durch die kosmischen Winde.
b) Durch Vulkanausbrüche auf dem Mond.
c) Durch die ungleichmäßigen Erdbewegungen.

Antwort c) ist richtig. Die Bewegungen unseres Planeten verändern sich hauptsächlich in Abhängigkeit von der Anziehungskraft der anderen Planeten im Sonnensystem: Dadurch ändert sich die Ekliptik, die Bahn der Erde um die Sonne, im Laufe der Jahrtausende und somit auch das Klima.

Was ist ein Stalaktit?

a) Ein Tropfstein, der sich an der Decke einer Höhle bildet.
b) Ein Tropfstein, der am Höhlenboden entsteht.
c) Ein Tropfstein, der zwischen Decke und Boden zusammengewachsen ist.

Antwort a) ist richtig. Ein Stalaktit entsteht an der Decke einer Höhle; während eine sich am Boden bildende Kalksäule Stalagmit genannt wird. Beide entstehen durch kalkhaltiges Wasser in der Höhle, das entweder an der Höhlendecke verdunstet und so Kalk ablagert, oder aber zu Boden tropft und dort allmählich eine Säule bildet.

Woraus besteht ein Riff?

a) Aus den Skeletten von Polypen.

b) Aus Algensedimenten.

c) Aus den Ausscheidungen von Schnecken.

Antwort a) ist richtig. Die Koralle besteht aus kleinen Tieren, den Polypen, die in Symbiose mit winzigen Algen leben. Die Polypen bilden ein kalkhaltiges Skelett, das nach mehreren tausend Jahren ein Riff bildet.

Unter welchen Umständen bleibt Wasser bei Temperaturen bis zu minus 10° Celsius flüssig?

a) Wenn es völlig rein ist, und langsam erkaltet.

b) Wenn es sich außerhalb der Erdatmosphäre befindet.

c) Wenn es schockartig abgekühlt wird.

Antwort a) ist richtig. Ohne jede Verunreinigung und bei allmählicher Erkaltung, bleibt Wasser bis minus 10° Celsius flüssig: Es handelt sich dabei um ein Unterkühlungsphänomen. Der geringste Stoß oder ein Fremdkörper verwandelt jedoch das flüssige Wasser sofort in Eis.

Vulkane, Stürme und Galaxien

Was entsteht oft bei der Explosion eines Sterns?

a) Ein schwarzes Loch.

b) Ein neuer Stern.

c) Eine Supernova.

Antwort b) ist richtig. Während manche Sterne erlöschen, nachdem sie explodiert sind, entstehen andere aus den Resten der erloschenen Sterne. Es bilden sich in unserer Galaxie jährlich im Durchschnitt drei Sterne.

Wo findet man das meiste unterirdische Wasser?

a) In unterirdischen Seen.

b) In porösem Gestein.

c) In unterirdischen Eisvorkommen.

Antwort b) ist richtig. Unterirdisches Wasser fließt im allgemeinen in fein porösem Gestein, wie in Sandstein. Es handelt sich dann um unterirdisches „Grundwasser".

Nachgefragt

🌀 Worauf schwimmen die tektonischen Platten?

(Wer die Antwort nicht mehr weiß, kann auf S. 330 nachlesen.)

🌀 Warum ist das Tote Meer eigentlich kein Meer?

(Wer die Antwort nicht mehr weiß, kann auf S. 330 nachlesen.)

🌀 Ist die durchschnittliche Erdtemperatur stabil oder ständig schwankend?

(Wer die Antwort nicht mehr weiß, kann auf S. 338 nachlesen.)

Vulkane, Stürme und Galaxien

🌀 *Warum wurde ein 4.500 kg schwerer Gesteinsbrocken in Russland aufgegessen?*

(Wer die Antwort nicht mehr weiß, kann auf S. 340 nachlesen.)

🌀 *Warum werden die Niagarafälle in 25.000 Jahren verschwunden sein?*

(Wer die Antwort nicht mehr weiß, kann auf S. 341 nachlesen.)

🌀 *Aus welchem Grund driften Amerika und Europa jährlich ein paar Zentimeter auseinander?*

(Wer die Antwort nicht mehr weiß, kann auf S. 344 nachlesen.)

Mensch

und Natur

Das Wunder bewahren!

Das Wunder bewahren!

Welches Tier wurde gründlich von den Wissenschaftlern der NASA für den Entwurf von Astronautenanzügen untersucht?

a) Die blähende Heuschrecke.
b) Der Papagei.
c) Die Giraffe.

Antwort c) ist richtig. Das Herzkreislaufsystem der Giraffe ist sehr eigenartig, weil es die Größenverhältnisse des Tieres berücksichtigen muss. Es wurde ein ähnlicher Mechanismus in die Raumanzüge integriert, um in der Schwerelosigkeit den Blutrückfluss in die Adern zu fördern.

Wie reagierte ein Schimpanse, als er einen Forscher sah, der gerade versuchte mit einem Stock Früchte von einem Baum zu holen?

a) Er nahm ihm den Stock weg und schlug ihn damit.
b) Er schenkte ihm Früchte.
c) Er fing an zu hüpfen.

Antwort b) ist richtig. Dieses überraschende Verhalten eines Affen zeigt, dass Großzügigkeit vielleicht nicht nur eine Eigenschaft mancher Menschen ist.

Das Wunder bewahren!

Welches Material ist fast zu 100 % recycelbar?

a) Leder.
b) Plastik.
c) Glas.

Antwort c) ist richtig. Man kann neues Glas aus bis zu 80 % Altglas herstellen, ohne jegliche Qualitätsminderung. Diese Eigenschaft macht Glas zu einem erstklassigen Verpackungsmaterial.

Inwiefern bewirkt die Erwärmung der Atmosphäre eine Erhöhung des Meeresspiegels?

a) Durch Vermehrung des Planktons.
b) Durch Erosion der Küsten.
c) Durch Ausdehnung des Meerwassers.

Antwort c) ist richtig. Wenn die Temperatur sich weiter erhöht, erwärmt und dehnt sich das Wasser an der Ozeanoberfläche aus. Dies bringt wiederum das Eis der Polkappen zum Schmelzen. Diese zwei Phänomene bewirken eine Erhöhung des Wasserspiegels der Ozeane.

Das Wunder bewahren!

Welches Land bezieht 40 % seiner Elektrizität von der natürlichen Wärme der Erde?

a) Tansania.

b) Mosambik.

c) El Salvador.

Antwort c) ist richtig. Die Geothermik, d.h. die Nutzung der Wärme aus den Erdtiefen, kann sich als sehr rentabel für die Länder erweisen, in denen diese Energie leicht zugänglich ist. Dies ist vor allem in Gebieten der Fall, die sich auf Vulkanketten befinden.

Was ist die Hauptursache für die Beschädigung der Mittelmeerwälder?

a) Feuer.

b) Bakterien.

c) Eine Raupe.

Antwort a) ist richtig. Dornengestrüpp und Buschpflanzen sind verbreitete Gewächse der Mittelmeerländer. Diese Vegetation entsteht allmählich durch immer wieder auftretende Waldbrände.

Das Wunder bewahren!

Welches Land hat in den letzten 50 Jahren 90 % seines Riffs verloren?

a) Kuba.

b) Die Philippinen.

c) Australien.

Antwort b) ist richtig. Wegen Sprengungen mit Dynamit, der Wasserverschmutzung, übertriebenem Korallensammelns und verschiedener Krankheiten steht es um das Riff der Philippinen heute schlecht.

Welche Tiere benutzten die belgischen und englischen Bergarbeiter in den Kohlenminen als Indikatoren für den Gasgehalt der Luft?

a) Hasen.

b) Schildkröten.

c) Kanarienvögel.

Antwort c) ist richtig. Da Kanarienvögel sehr sensibel auf Kohlenmonoxid reagieren, wurden sie eingesetzt, um den Anstieg dieses gefährlichen Gases anzuzeigen. So konnten die Bergarbeiter rechtzeitig die Grube verlassen.

Das Wunder bewahren!

Was zerstört oftmals ein Drittel der Ernten in der Welt?

a) Trockenheit.

b) Insekten.

c) Vögel.

Antwort b) ist richtig. Die Bekämpfung von Insekten ist daher durchaus gerechtfertigt. Es sollten jedoch weniger giftige Mittel benutzt werden. Besonders die natürlichen Feinde dieser Insekten können bei der Bekämpfung sehr behilflich sein.

In welchem Land wurde der tropische Regenwald zu 75 % zerstört?

a) In Chile.

b) Im Kongo.

c) In Australien.

Antwort c) ist richtig. Die Zerstörung des tropischen Regenwaldes ist ein richtiges Drama für dieses Land, das auf dem Wege zur Verwüstung ist.

Das Wunder bewahren!

Welches Meer wird zu 90 % als biologisch tot eingestuft?

a) Das Schwarze Meer.

b) Das Baltische Meer.

c) Das Kaspische Meer.

Antwort a) ist richtig. Dieses fast geschlossene Meer speichert die Abfälle der Erdölindustrie und die Verschmutzung der Flüsse der früheren UdSSR. Wird das Schwarze Meer eines Tages ein totes Meer werden?

Was ist der „Nephos" von Athen?

a) Ein von der Verschmutzung verursachter Nebel.

b) Ein Müllabladeplatz.

c) Ein Tempel der Naturfreunde.

Antwort a) ist richtig. Dieser Nebel wird vor allem von den Autoabgasen verursacht. Da es zu heiß ist und es wenig Wind gibt, stagnieren die Gase, was Athen zu einer der verschmutztesten Hauptstädte in Europa macht.

Das Wunder bewahren!

Welches dramatische Ereignis fand am 26. April 1986 statt?

a) Die schwarze von der Exxon Valdez verursachte Flut.

b) Der Nuklearunfall von Tschernobyl.

c) Ein Erdbeben in Los Angeles.

Antwort b) ist richtig. Der größte jemals registrierte Nuklearunfall fand in der Ukraine statt, bei dem Tausende von Menschen verstrahlt wurden und nach und nach starben. Außerdem wurden 10.000 km des Erdbodens für Hunderte von Jahren verseucht.

Welche Bäume sind gegen den sauren Regen am empfindlichsten?

a) Die Sägebäume.

b) Nadelbäume.

c) Dicht belaubte Bäume.

Antwort b) ist richtig. Im Gegensatz zu den blätterreichen Bäumen, deren Blätter im Herbst fallen und im Frühling wieder neu wachsen, sind die Nadeln der Nadelbäume das ganze Jahr über dem stickstoffsäurehaltigem Regen ausgesetzt.

Das Wunder bewahren!

Warum ist die Ozonschicht für das Leben unentbehrlich?

a) Sie verhindert den Wärmeverlust.

b) Sie hält die Wolken fest.

c) Sie filtert die schädlichen Strahlen.

Antwort c) ist richtig. Durch Aufnehmen der ultravioletten Strahlen der Sonne verhindert die Ozonschicht Hautkrebs, Augenerkrankungen sowie genetische Defekte des Menschen.

Wie viel Zeit verbringt ein Europäer im Laufe seines Lebens durchschnittlich in Staus?

a) 6 Monate.

b) 2 Jahre.

c) 4 Jahre.

Antwort b) ist richtig. Das Auto ist eine richtige Plage in vielen Großstädten. Ein Viertel der Fahrten sind nicht länger als ein Kilometer, und der Trend geht noch nicht zurück!

In welchem Land werden den Schafen „Anti-Methan"-Pillen verabreicht, um die Ausscheidung dieses Gases einzuschränken?

a) In Schottland.
b) In Neuseeland.
c) In Südafrika.

Antwort b) ist richtig. Beim Wiederkäuen setzen die Schafe erhebliche Mengen an Methan frei und tragen dadurch zum Treibhauseffekt bei. Deshalb beschloss Neuseeland, auf seine Art gegen diese „Auspuffgase" zu kämpfen!

In welchem Land erhitzen Solaranlagen 83 % des Wassers in den Häusern?

a) In Israel.
b) Im Jemen.
c) In Kuwait.

Antwort a) ist richtig. Heute zählt man über 900.000 Solaranlagen in Israel. Solche Anlagen könnten übrigens in den meisten Ländern benutzt werden, wo die Sonne regelmäßig scheint.

Das Wunder bewahren!

Was ist die Biosphäre?

a) Die Gesamtheit sämtlicher auf der Erde vorkommender Lebewesen.

b) Alle Lebewesen mit Ausnahme der Pflanzen.

c) Alle Lebewesen mit Ausnahme der Menschen.

Antwort a) ist richtig.
Und je größer die Mannigfaltigkeit der Arten, desto höher die Chancen für das Leben, sich auf der Erde zu erhalten.

Welches Land wirft jedes Jahr 5 Millionen Elektrohaushaltsgeräte in den Müll?

a) Deutschland.

b) Belgien.

c) Spanien.

Antwort a) ist richtig. Die Konsumgesellschaft läuft in den entwickelten Ländern immer noch auf vollen Touren. Allein in den Vereinigten Staaten werden jährlich 7,5 Millionen Fernsehgeräte weggeworfen.

Das Wunder bewahren!

Wie viele Liter Wasser werden gespart, wenn wir - anstatt ein Bad zu nehmen - duschen?

a) 50 Liter.
b) 100 Liter.
c) 200 Liter.

Antwort b) ist richtig. Diese Menge entspricht dem Wasserverbrauch eines Haitianers von drei Wochen!

Wie hoch ist der Prozentsatz der Haushaltsabfälle, die wiederverwertet werden können?

a) 40 %.
b) 60 %.
c) 80 %.

Antwort c) ist richtig. Allein Glas und Papier stellen die Hälfte der recycelbaren Produkte dar.

Das Wunder bewahren!

Auf welchem Kontinent sind in den letzen 50 Jahren 80 % der Fauna, der Tierwelt, verschwunden?

a) In Afrika.
b) In Amerika.
c) In Asien.

Antwort a) ist richtig. Das Massaker an der vielfältigen afrikanischen Fauna begann Ende des 19. Jahrhunderts mit den europäischen Ansiedlern. Es verschlimmerte sich nach dem zweiten Weltkrieg extrem aufgrund der massiven Einführung von Feuerwaffen.

Wie viele Liter Treibstoff verbraucht ein Auto durchschnittlich in kaltem Zustand während des ersten Kilometers?

a) 12 Liter pro 100 km.
b) 16 Liter pro 100 km.
c) 20 Liter pro 100 km.

Antwort c) ist richtig. Also dreimal mehr als mit warmem Motor. Ein weiterer Grund, nicht für kurze Distanzen ins Auto zu steigen.

Das Wunder bewahren!

Welchen Anteil der gesamten abgebauten Bodenschätze der Erde nehmen die Vereinigten Staaten für sich ein?

a) Ein Fünftel.

b) Ein Viertel.

c) Ein Drittel.

Antwort c) ist richtig. Dabei stellen die Vereinigten Staaten nur 5 % der Weltbevölkerung.

Was benutzen manche Chinesen, um ihre Reisfelder fruchtbar zu machen?

a) Krankenhausabfälle.

b) Autobatterien.

c) Karpfen.

Antwort c) ist richtig. Nach der Ernte setzt man in den überschwemmten Reisfeldern eine sich schnell entwickelnde Karpfenbrut aus. Sie ernähren sich von Abfällen und Pflanzenresten und düngen auf diese Art mit ihren Ausscheidungen den Boden.

Das Wunder bewahren!

Was sind die Hauptbestandteile des sauren Regens?

a) Schwefeldioxyd und Stickstoffoxyd.
b) FCKW.
c) Methan und Propan.

Antwort a) ist richtig. Im Laufe der 80er Jahre wurden Maßnahmen getroffen, um diese Gasemissionen zu begrenzen. Seitdem ist die Verschmutzung durch sauren Regen zurückgegangen. Die Schäden sind aber immer noch zu sehen.

Wo befindet sich ein Dorf, in dem jedes Haus mit Solarzellen ausgestattet und über Fahrradwege mit allen anderen Häusern verbunden ist?

a) In England.
b) In Schweden.
c) In den USA.

Antwort c) ist richtig. „Village Home" liegt in Kalifornien, neben der Stadt Davis.

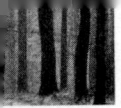 *Das Wunder bewahren!*

Welches Tier wird in China anstelle von Insektenbekämpfungsmitteln in den Reisfeldern eingesetzt?

a) Der Seerabe.
b) Die Ente.
c) Das Rind.

Antwort b) ist richtig. Eine Ente frisst im Durchschnitt 200 Insekten pro Stunde. Diese Tiere fördern darüber hinaus die Fruchtbarkeit des Bodens und ergänzen den Speiseplan der Bauern, die sie züchten!

Was wurde 1990 auf der Insel Reunion eingesetzt, um den weißen Wurm zu bekämpfen, der die örtlichen Kulturen zerstörte?

a) Pilze.
b) Vögel.
c) Musik.

Antwort a) ist richtig. Dieser besonders aggressive Pilz ist ein natürlicher Feind des weißen Wurms. Beide stammen aus Madagaskar.

Das Wunder bewahren!

Wenn 1.000 kg Altpapier wiederverwertet werden, wie viel Papier kann damit hergestellt werden?

a) 400 kg.
b) 600 kg.
c) 900 kg.

Antwort c) ist richtig. Die einfachste Art von Recycling ist allerdings die Benutzung beider Seiten eines Blattes ...

Wie viele Liter Wasser fließen aus einem geöffneten Hahn mit einer durchschnittlich großen Öffnung in einer Minute?

a) Zwischen 10 und 20 Liter.
b) Zwischen 20 und 30 Liter.
c) Zwischen 30 und 40 Liter.

Antwort a) ist richtig. Das entspricht ca. 30 Liter jedes Mal dann, wenn wir uns die Zähne putzen, ohne den Hahn zuzudrehen. Eine schöne Verschwendung!

Das Wunder bewahren!

Wie viel mehr Energie verbraucht ein Mensch in den Industrieländern als ein Bewohner eines Entwicklungslandes?

a) 5-mal mehr.

b) 10-mal mehr.

c) 20-mal mehr.

Antwort b) ist richtig. Insgesamt verbrauchen die Industrieländer 70 % der Fossilbrennstoffe wie Erdöl oder Kohle, während sie nicht einmal 25 % der Weltbevölkerung stellen.

Welches ist die am meisten genutzte Energiequelle?

a) Nuklearenergie.

b) Kohle.

c) Erdöl.

Antwort c) ist richtig. Das „schwarze Gold" stellt 40 % des Energieverbrauchs auf der Erde dar, neben 28 % Kohle- und 7 % Nuklearenergie.

Das Wunder bewahren!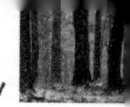

Bei welchem Gas ist die Konzentration seit 150 Jahren um 115 % angestiegen?

a) Methan.
b) Propan.
c) Butan.

Antwort a) ist richtig. Nach Ansicht von Fachleuten müssten wir die Freisetzung dieses Gases von jetzt an um 15 bis 20 % reduzieren, um eine drastische Erwärmung der Erde zu vermeiden.

Wie viele Autos wird es voraussichtlich in 25 Jahren geben?

a) 300 Millionen.
b) 600 Millionen.
c) 1 Milliarde.

Antwort c) ist richtig. Zwischen 1990 und 2020 wird sich die Zahl der Autos wahrscheinlich verdoppeln. Hoffentlich werden wir bis dahin umweltschonendere Motoren entwickelt haben.

Das Wunder bewahren!

Wohin fließt etwa ein Viertel der im Haushalt verbrauchten Wassermenge?

a) In die Toilette.

b) In die Waschbecken.

c) In die Badewanne.

Antwort a) ist richtig. Jeden Tag lässt jeder von uns nahezu 60 Liter Wasser durch die Toiletten abfließen.

In welchem Land sind 25 % der Seen vom sauren Regen verschmutzt?

a) In Schweden.

b) In Kanada.

c) In Deutschland.

Antwort a) ist richtig. Fast 4.000 dieser Seen sind so übersäuert, dass kein Fisch mehr darin überleben kann.

Das Wunder bewahren!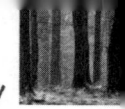

Welche Konsequenzen hat die Rodung der unteren Hänge des Himalaja?

a) Eine Schneeschmelze in Nepal.

b) Einen Temperaturanstieg in Tibet.

c) Überschwemmungen in Indien.

Antwort c) ist richtig. Das abfließende Wasser wird nicht mehr von den Pflanzen zurückgehalten und trägt Erde mit sich fort. Diese Erde häuft sich in den Flussbetten an. Dadurch wird das Wasser über die Ufer gedrückt, was zu Überschwemmungen führt.

Was wurde aus dem Baikal-See in Sibirien?

a) Ein Naturschutzgebiet.

b) Eine Deponie chemischer Waffen.

c) Eine Deponie radioaktiver Abfälle.

Antwort a) ist richtig. Der Baikal-See ist dank eines UNESCO-Programms eine Reserve der Biosphäre geworden.

Das Wunder bewahren!

Wie viele Liter Wasser fließen durchschnittlich jedes Mal, wenn wir die Toilettenspülung betätigen, in den Abfluss?

a) 5 Liter.
b) 10 Liter.
c) 20 Liter.

Antwort b) ist richtig. Dabei könnten wir leicht fünf bis sechs Liter Wasser je nach den „Bedürfnissen" sparen. Zum Glück gibt es heute Spülungen mit einstellbarer Wassermenge, die gleichzeitig Wasser und Verschwendung „wegspülen"!

Wie lange kann ein FCKW-Molekül aktiv bleiben?

a) Ca. 7 Monate.
b) Knapp 7 Jahre.
c) Über 70 Jahre.

Antwort c) ist richtig. Bestimmte FCKW-Moleküle können 140 Jahre lang aktiv bleiben. Das heißt, ein 1990 freigesetztes Molekül wird noch im 22. Jahrhundert die Ozonschicht beschädigen!

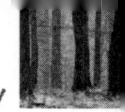

Das Wunder bewahren!

Wie hat sich die Durchschnittstemperatur in der Antarktis in den letzten 50 Jahren entwickelt?

a) Sie ist um 5° Celsius gesunken.

b) Sie ist um 1° Celsius gesunken.

c) Sie ist um 2,5° Celsius gestiegen.

Antwort c) ist richtig. Dieses Ansteigen ist wahrscheinlich ein Zeichen für die globale durch den Treibhauseffekt verursachte Erderwärmung.

In welchem Land fahren 40 % der Bevölkerung mit dem Fahrrad zur Arbeit?

a) In Schweden.

b) In Finnland.

c) In Dänemark.

Antwort c) ist richtig. Dieses Land genießt zwar nicht ideale klimatische Bedingungen, um Fahrrad zu fahren, doch scheint dies kein Hindernis für die dänische Bevölkerung zu sein!

Das Wunder bewahren!

Welche Wüste breitet sich jährlich um 2 km aus?

a) Die Sahelwüste.

b) Die Wüste Gobi.

c) Die Kalahariwüste.

Antwort a) ist richtig. Natürlich ist das Klima für dieses Phänomen verantwortlich, übertriebene Weidennutzung und Abholzung tragen jedoch auch erheblich dazu bei.

Welche Pflanze erweist sich als sehr wirksam, um die Erosion zu bekämpfen?

a) Der Holunder.

b) Das Bartgras.

c) Der Brombeerstrauch.

Antwort b) ist richtig. Das Bartgras, auch Vetiver genannt, ist ein aus Indien stammendes Gras. Wenn das Bartgras am Hang eines Hügels dicht angepflanzt wird, bildet es eine Vegetationsschranke. Diese bremst das Abfließen des Regenwassers und hält die Bodenschicht zurück. So können die Agrarerträge um 50 % gesteigert werden.

Das Wunder bewahren!

Welche Fossilenergie produziert bei ihrem Verbrauch am wenigsten Kohlendioxid?

a) Erdöl.

b) Kohle.

c) Gas.

Antwort c) ist richtig. Erdgas stellt eine interessante Energiequelle für eine „saubere" Zukunft dar. Bei der Verbrennung werden für die gleiche erzeugte Energiemenge ca. 40 % weniger CO_2 freigesetzt als bei Kohle und 25 % weniger als bei Erdöl.

Wie heißen die Methoden zur Messung der Umweltverschmutzung, bei denen man Tiere zu Hilfe nimmt?

a) Die Püschatortests.

b) Die Ökogiftigkeitstests.

c) Die Biotests.

Antwort b) ist richtig. Der am meisten verbreitete Test ist der Wasserfloh-Test, den man zur Messung der Wasserverschmutzung einsetzt.

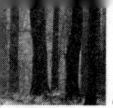
Das Wunder bewahren!

Was ist zur Hälfte an der Beschädigung der afrikanischen Böden schuld?

a) Der Wind.

b) Die Überweidung.

c) Der Minenabbau.

Antwort b) ist richtig. Die afrikanische Vegetation regeneriert sich schlecht von der zu ausgiebigen Beweidung der Böden durch Kühe, Ziegen und Schafe.

Woher stammt ungefähr ein Drittel des in der Welt verbrauchten Erdöls?

a) Aus den Ozeanen.

b) Aus den tropischen Wäldern.

c) Aus den Wüsten.

Antwort a) ist richtig. Es war ein Schotte, der als Erster im Golf von Mexiko zwei Off-Shore-Bohrtürme errichtete. Inzwischen gibt es etwa 1.500 dieser Bohrstellen auf der Welt.

Das Wunder bewahren!

In welchem Bereich werden 20 % des Methangehalts der Erde freigesetzt?

a) In der Viehzüchtung.

b) In der Automobilindustrie.

c) In der chemischen Industrie.

Antwort a) ist richtig. Dieses Methangas kommt vom Mikrobenabbau der Zellulose in den Därmen der pflanzenfressenden Tiere. Anders formuliert, „pupsen" und „rülpsen" die Kühe 20 % des Methananteils unseres Planeten.

In welchem Land sind 40 % der Nadelholzwälder tot oder schwer erkrankt?

a) In Norwegen.

b) In Spanien.

c) In der Schweiz.

Antwort c) ist richtig. Der von der Luftverschmutzung verursachte saure Regen ist hauptverantwortlich für die Zerstörung der Schweizer Wälder.

Das Wunder bewahren!

In welchem Land zeigen 64% der Wälder Spuren von Zerstörung durch den sauren Regen?

a) In Frankreich.

b) In Italien.

c) In England.

Antwort c) ist richtig. Die durch das Verfeuern von fossilen Energieträgern wie Gas oder Kohle produzierten Gase vermischen sich mit Wasserdampf. Dieses gesäuerte Wasser fällt dann wieder als Regen auf die Erde, was in den betroffenen Ökosystemen zu schweren Schäden führt.

Wie viele neue Tier- oder Pflanzenarten entstehen schätzungsweise jedes Jahr?

a) Keine.

b) Mehrere Dutzend.

c) Mehrere Hunderte.

Antwort b) ist richtig. Wenn sich auch mehrere Dutzend neue Gattungen jedes Jahr bilden, reicht dies nicht, um die Lücke der tausend anderen zu schließen, die gleichzeitig vom Menschen zerstört werden.

Das Wunder bewahren!

Wozu dienen 70 % der Getreideproduktion in den Vereinigten Staaten?

a) Als Viehfutter.

b) Zur Ausfuhr.

c) Zur Bereitung des Frühstücks.

Antwort a) ist richtig. 80 % des amerikanischen Weizens und 95 % des Hafers werden dazu verwendet, Vieh zu ernähren.

Welches Land produziert jährlich über 740 kg Abfall pro Einwohner?

a) Die Schweiz.

b) Italien.

c) Die Vereinigten Staaten.

Antwort c) ist richtig. Allein die von den Vereinigten Staaten produzierten Abfälle könnten eine Schlange von LKWs füllen, die 20-mal um die Erde gehen würde.

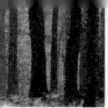

Wie viele Gattungen von allen Lebewesen, die die Erde seit ihrer Entstehung bevölkert haben, sind heute noch übrig?

a) Weniger als 10 %.
b) Ca. 40 %.
c) Über 70 %.

Antwort a) ist richtig. Abgesehen von den Naturkatastrophen ist der Mensch der Hauptverantwortliche für das Aussterben vieler Tier- und Pflanzenarten seit 2.000 Jahren.

Wie bewahrten die Indianer in den Anden Kartoffeln auf?

a) Sie schliefen darauf.
b) Sie setzten sie einem Temperaturschock aus.
c) Sie bedeckten sie mit Lamaspeichel.

Antwort b) ist richtig. Die Kartoffel wurde zuerst in der Sonne getrocknet, bevor man sie der Nachtkälte aussetzte. Durch diesen Temperaturschock wurde der Kartoffel das Wasser entzogen. Danach zerrieb man sie zu Pulver und konnte sie auf diese Art das ganze Jahr über aufbewahren.

Das Wunder bewahren!

Was ist der Hauptgrund für die Rodung der tropischen Wälder am Amazonas?

a) Die Suche nach seltenem Holz.

b) Ihre Erschließung für Anbaugebiete und Viehweiden.

c) Die Suche nach Erdöl.

Antwort b) ist richtig. Wenn der aktuelle Rhythmus beibehalten wird, würde der brasilianische Wald in den nächsten 50 Jahren ganz verschwinden.

Warum verschwindet der Aralsee in der ehemaligen UdSSR allmählich?

a) Wegen der Trockenheit.

b) Wegen der Entwaldung.

c) Wegen der Bewässerung.

Antwort c) ist richtig. Der Aralsee ist ein größtenteils in Usbekistan liegender See. Die dort einmündenden Flüsse wurden benutzt, um die riesigen Baumwollfelder zu bewässern. Es wurde dabei so viel Wasser abgeleitet, dass sich die Ufergebiete um fast 100 km zurückgebildet haben!

Nachgefragt

◎ **Welche gesundheitlichen Gefahren gehen von dem allmählichen Verschwinden der Ozonschicht aus?**

(Wer die Antwort nicht mehr weiß, kann auf S. 359 nachlesen.)

◎ **Wie viel Prozent der recyclebaren Haushaltsprodukte machen Glas und Papier aus?**

(Wer die Antwort nicht mehr weiß, kann auf S. 362 nachlesen.)

◎ **Um wie viel höher ist der Benzinverbrauch bei einem Auto mit kaltem Motor im Gegensatz zu einem mit warmgelaufenem Motor?**

(Wer die Antwort nicht mehr weiß, kann auf S. 363 nachlesen.)

Das Wunder bewahren!

🌀 *Welches Programm verleiht dem Baikal-See seinen Naturschutz-Status?*

(Wer die Antwort nicht mehr weiß, kann auf S. 371 nachlesen.)

🌀 *Welcher vom Menschen verursachte Umwelteinfluss ist namentlich für den schlechten Zustand der Schweizer Nadelholzwälder verantwortlich?*

(Wer die Antwort nicht mehr weiß, kann auf S. 377 nachlesen.)

🌀 *Wie entsteht sauer Regen?*

(Wer die Antwort nicht mehr weiß, kann auf S. 378 nachlesen.)

KOSMOS

Perfekter Ratespaß für die ganze Familie!

Planet der Wunder

ALTER
ab 10 Jahren

SPIELER
3 bis 6

INHALT
Großer Spielplan mit 500 Karten
1 Spezialwürfel, 6 Spielfiguren
und 18 Wundertaler aus Holz

ART.-NR.
682316

Das Spiel zum Buch „Wunder Natur"

Begeben Sie sich auf eine Reise der besonderen Art und lassen Sie sich mit spannenden Fragen zu den Wundern unserer Natur entführen. Wundertaler laden ein zum Zwischenspiel mit Zusatzfragen und wer die meisten Antworten kennt, kehrt als Sieger von der Erdumrundung zurück.